DOROTHEE SÖLLE AUF DER SPUR

KONSTANTIN SACHER

DOROTHEE SÖLLE AUF DER SPUR
Annäherung an eine Ikone des Protestantismus

EVANGELISCHE VERLAGSANSTALT
Leipzig

KONSTANTIN SACHER, Jahrgang 1984, ist Theologe und Journalist. Nach Studium und Vikariat arbeitete er sieben Jahre als wissenschaftlicher Assistent für Systematische Theologie an den Universitäten Gießen, Leipzig und Köln. Er wurde mit einer Arbeit zur theologischen Todesdeutung promoviert. Seit März 2023 ist er Redakteur beim Magazin Chrismon.

Bibliographische Information der Deutschen Nationalbibliothek
Die Deutsche Nationalbibliothek verzeichnet diese Publikation in der Deutschen Nationalbibliographie; detaillierte bibliographische Daten sind im Internet über http://dnb.dnb.de abrufbar.

© 2023 by Evangelische Verlagsanstalt GmbH · Leipzig
Printed in Germany

Das Werk einschließlich aller seiner Teile ist urheberrechtlich geschützt. Jede Verwertung außerhalb der Grenzen des Urheberrechtsgesetzes ist ohne Zustimmung des Verlags unzulässig und strafbar. Das gilt insbesondere für Vervielfältigungen, Übersetzungen, Mikroverfilmungen und die Einspeicherung und Verarbeitung in elektronischen Systemen.

Das Buch wurde auf alterungsbeständigem Papier gedruckt.

Gesamtgestaltung: Mario Moths, Marl
Coverbild: © Brigitte Friedrich/Süddeutsche Zeitung Photo
Druck und Binden: CPI books GmbH

ISBN 978-3-374-07425-9 // eISBN (PDF) 978-3-374-07426-6
www.eva-leipzig.de

Vorwort

Das Thema Dorothee Sölle ist mir langsam nähergekommen. Zuerst las ich Sölles kluge Arbeiten zum Verhältnis von Literatur und Religion. Dann kam ich im Jahr 2021 an die Universität zu Köln, wo durch Folkart Wittekind, Professor Systematische Theologie, sowieso schon ein Interesse an Sölle vorhanden war. Die gemeinsame Diagnose war: Es gibt so gut wie keine aktuelle Forschung zu Sölle, obwohl sie eine der wichtigsten Stimmen des Protestantismus des 20. Jahrhunderts war. Das beschlossen wir zu ändern.

So kam es zur Gründung eines Forschungsnetzwerkes zu Sölle und einer ersten Tagung dieses Netzwerkes im Februar 2023. Unterdessen hatte ich begonnen, an einer Habilitation zu arbeiten, in der es um Sölle gehen sollte. So las ich mich von vorne nach hinten durch ihre Schriften und gab jedes Semester Lehrveranstaltungen, die sich mit ihr beschäftigten. Als ich Ende 2022 beschloss, mich beruflich zu verändern und die Möglichkeit bekam, als theologischer Redakteur für das evangelische Magazin *chrismon* zu arbeiten, hatte ich bereits einige Vorträge zu Sölle gehalten und eine umfangreiche Sammlung an Exzerpten ihrer Schriften und Mitschriften meiner Lehrveranstaltungen zu ihr. Mit dem näher rückenden 20. Todestag (27. April 2023) stieg das Interesse an Sölle merklich an. Ich wurde vielmals angefragt, auf Tagungen über sie zu sprechen und Texte zu ihrer gegenwärtigen Bedeutung zu schreiben. Aufgrund des Berufswechsels sagte ich die meisten Tagungseinladungen ab, begann aber für die angefragten Texte damit, die angestaute Forschung zu sortieren.

Dabei entstand bald die Idee, ein kleines, persönliches Buch aus der Arbeit werden zu lassen. Zumal es keinerlei neuere Publikation zu Sölle und ihrem Werk gibt. Schon gar nicht gibt es eine kritische Würdigung, die mir vorschwebte. Die vorhandenen Texte sind alle von Freundinnen und Zeitgenossen geschrieben. So entstand der vorliegende Essay. Er ist ein Versuch, dem Denken der großen, umstrittenen, streitbaren, faszinierenden Schriftstellerin und Theologin Dorothee Sölle aus der Position eines Nachgeborenen auf die Spur zu kommen. Dieser Versuchsanordnung folgt auch die Gliederung. Gerahmt von der Reise zu Sölles Lebensorten (außer, leider, New York) und den Eindrücken der Gespräche, erzähle ich ihr Werk als eine sich aus dem Verlauf ihres Lebens heraus entwickelnde Auseinandersetzung mit ihrem eigenen In-die-Welt-geworfen-Sein.

Neben der Lektüre ihrer Werke haben mir vor allem ausführliche Gespräche mit Sölles Sohn, Martin Sölle, und ihrem zweiten Ehemann, Fulbert Steffensky, dabei geholfen, eine Spur zu ihr zu finden. Außerdem möchte ich dem schon angesprochenen Folkart Wittekind danken, der mit mir sein Wissen zu Sölle geteilt hat. Annette Weidhas, Verlegerin der Evangelischen Verlagsanstalt, danke ich für die Aufnahme in das Programm und die kritische Durchsicht des Manuskripts.

Konstantin Sacher, April 2023

I.

Der Himmel war grau, aber die Stimmung war gut. Leichter Nieselregen fiel herab. Die S-Bahn war fast leer. Und sie leerte sich immer mehr, umso weiter sie sich von der Hamburger Innenstadt in Richtung Westen arbeitete. Hier liegen die Elbvororte. Sie sind bekannt für ihre schönen Villen und den Ausblick auf die in den Hafen einfahrenden Schiffe. Ich verließ den Zug am Bahnhof Hochkamp. Hohe, alte Bäume umgeben die Station. Häuser aus Backstein und eine Stille, eine tiefe in sich ruhende Stille empfingen mich. Der kurze Fußweg vom Bahnhof Hochkamp zum Nienstedter Friedhof führt vorbei an großen Häusern in Gärten wie Parks. Sie liegen nicht hinter hohen Zäunen versteckt, sondern offen sichtbar, umgeben nur von halbhohen Mauern. Nichts wirkt protzig und schrill. Im Gegenteil, der Wohlstand ist hier so selbstverständlich, es gibt weder Grund ihn auszustellen noch ihn zu verstecken. Hier also liegt Dorothee Sölle begraben, dachte ich. Diese linkeste, radikalste, lauteste, provozierendste Gestalt der neueren deutschen Theologie. Wenige haben für so viel Aufsehen gesorgt wie Sölle und wenige haben einen so breiten Leserkreis erreicht. Hier liegt sie begraben, diese Frau, die immer wieder gesagt hat, dass die Armen die Lehrer auf dem Weg in eine gerechtere Welt sein sollen.

Ortswechsel: Es war ein eiskalter Tag, als ich mich vom Kölner Hauptbahnhof auf den Weg nach Marienburg machte. Der Fahrradweg führt den Rhein entlang immer in Richtung Süden. Trotz des winterlichen Wetters war der Radweg gut befahren. Ich war gespannt, was mich erwarten würde. Zwar wusste ich, dass auch

Marienburg zu den Orten gehört, wo die vermögenden Menschen leben, aber das muss ja nicht viel heißen. Zunächst ist alles unspektakulär. Auf Höhe der Bahnstation Bayenthalgürtel zeigte mir das Handy an, dass ich die Straßenseite wechseln soll. Auf der anderen Straßenseite steht ein scheußlicher, braunschwarzer Turm mit einem kriegerisch blickenden übergroßen Ritterkopf kurz vor der Spitze. Etwas beklommen blieb ich vor dem Denkmal stehen und googelte es. Der Kölner Bismarckturm, eingeweiht 1903. Er stellt eine Fackel dar, die zur Sommersonnenwende entzündet werden sollte, und der grimmige Ritter gibt den eisernen Kanzler selbst. Als Dorothee Sölle 1929 geboren wurde und hier ganz in der Nähe aufwuchs, blickte man noch anders auf Otto von Bismarck als heute. Auf mich wirkte der Fackel-Turm abstoßend. Ob Sölle in der kleinen Grünanlage, die das Denkmal umgibt, als Kind gespielt hat? Ich fuhr weiter, es waren keine zwei Minuten mehr von hier. Es ging ein wenig bergauf und da war es wieder – dieses Gefühl, das ich auch in Hamburg hoch über der Elbe hatte. Der wuselige und stinkende Kölner Hauptbahnhof, wo ich auf mein Leihfahrrad gestiegen war, schien unendlich weit weg zu sein. Aber auch die hektische, viel befahrene Straße am Rheinufer, die ganz in der Nähe liegt, hörte ich nicht mehr. Stattdessen gedämpftes Kinderlachen. Die Villen hier sind nicht größer als die in Hamburg, aber sie sind weniger zurückhaltend gestaltet. Man sieht, könnte man vielleicht sagen, dass Sölle im katholischen Köln und nicht im protestantischen Hamburg in eine gutbürgerliche Familie hineingeboren wurde. Ihr Vater war der Arbeitsrechtler Hans Carl Nipperdey, ihr Bruder der berühmte Historiker Thomas Nipperdey.

Die Wolfgang-Müller-Straße, in der die Familie Nipperdey wohnte, ist eine kleine Sackgasse. Der Eingang zu dem Sträßchen wird von zwei Gebäuden flankiert, die eher Schlösschen als Villen sind. Sölles Geburtshaus selbst liegt ein Stück die Straße entlang auf der linken Seite. Es ist eine große Villa in einem großen eingewachsenen Garten. Martin Sölle, 1956 als Dorothee Sölles erstes Kind auf die Welt gekommen und heute hilfreicher Gesprächspartner, wenn es um seine Mutter geht, erzählte mir, dass das Haus wieder so aufgebaut worden sei, wie es früher aussah. Niemand störte sich an mir, als ich mich umsah und das Haus von mehreren Seiten fotografierte. Wahrscheinlich waren einige Überwachungskameras auf mich gerichtet, aber kein Mensch war zu sehen. Nur zwei Kinder auf ihren Rädern kamen an mir vorbei. Große Rucksäcke auf dem Rücken, auf dem Weg zum Tennis. Aber ich fühlte mich doch wie ein Eindringling hier an einem der teuersten Wohnorte Kölns, der eng verbunden ist mit dem Leben der berühmten deutschen Theologin, die sich oft und intensiv gegen Reichtum gewendet hat.

Als Dorothee Sölle sich von ihrem ersten Ehemann trennte, schenkten ihre Eltern ihr eine Immobilie im Kölner Stadtteil Braunsfeld. Von der Wolfgang-Müller-Straße in Marienburg bis nach Braunsfeld ins Pauliviertel sind es mit dem Fahrrad ungefähr 30 Minuten. Als ich den Weg nun fuhr, dachte ich an Sölle und daran, dass sie diesen Weg sicher oft gefahren ist. Die Beziehung zu den Eltern blieb eng, und Sölles Mutter hat bei der Kinderbetreuung geholfen. Ich fuhr durch Raderthal, Zollstock, Sülz und Lindenthal. Die Gegenden veränderten sich, und als ich zwischendurch auf einer Straße namens Gottesweg fuhr, freute mich das. Braunsfeld ist nicht so edel wie Marienburg, aber als ich aus dem Stadtwald kommend in das Viertel fuhr, sah ich wieder dasselbe Bild: Villen, die mich nur staunen lassen. Der Pauliplatz liegt auf der anderen Seite der vielbefahrenen Aachener Straße, die Braunsfeld teilt. Junge Familien in schönen Stadthäusern. Wenn in Marienburg das alte Geld wohnt, dann wohnen hier die jungen Wohlhabenden. Die Orte, an denen Sölle lebte, und der Ort, an dem sie begraben liegt, sind schon Kontraste zu dem, wofür sie in ihrem Schaffen einstand. Steht hier Leben und Werk in einem großen Widerspruch? Oder passt beides trotzdem zusammen?

Es passt. Zu Sölle, zur Theologie, zum Leben: alles Gegenstände der Ambivalenz. Zunächst gibt es ja keinen Grund, dass jemand arm sein muss, um sich für die Armen einzusetzen. Wirklich arme Menschen haben meistens anderes zu tun, als sich politisch zu engagieren. Aber Sölle war eben auch eine überzeugte Sozialistin und hat den „Kapitalismus" und damit Geld und Reichtum immer wieder als Feindbild beschworen. Noch mehr aber war sie zeit ihres Lebens eine ambivalente Persönlichkeit. Zu dieser Ambivalenz passt es, dass sie in einer der reichsten Gegenden Deutschlands begraben liegt, auf einem der schönsten Friedhöfe, jedenfalls auf dem schönsten, den ich kenne. Umgeben ist ihr Grab von den Gräbern vieler Militärs, Adeligen und reichen Hamburger Bürgern. Das war nicht die Gesellschaft, mit der sie sich zu Lebzeiten umgeben hat und auch nicht die *Gesellschaft, die sich Sölle* als Gast ausgesucht hätte. Ihr Grab liegt etwa in der Mitte des Friedhofs. Es ist ein unauffälliger rechteckiger Grabstein. Er fällt nur auf, weil einige Menschen Steinchen daraufgelegt haben. Und ein steinerner Regenbogenfisch liegt auf dem nassen Erdboden und lehnt sich an die Steinplatte. „In deinem Licht sehen wir das Licht" – diese Worte aus dem 36. Psalm stehen ganz oben auf dem Grabstein. Dann folgt eine Zeile weiter unten „Dorothee Sölle" und noch weiter unten „30.9.1929" und „27.4.2003".

Es war fast 20 Jahre her, dass diese beeindruckende Frau gestorben ist, als ich so vor ihrem Grab stand. So viele Jahre des Lebens – und alles, was bleibt, sind ein Name und zwei Daten auf einem Stein. Wenn es gut lief, Kinder und Enkelkinder, Erinnerungen an einen geliebten Menschen, vielleicht ein Haus, das vererbt wurde. So ist das bei den meisten. Aber Sölle hat mehr hinterlassen. Von ihrem 25. Lebensjahr an hat sie öffentlich gedacht, indem sie unzählige Texte geschrieben, aber auch Filme und Radiobeiträge erstellt und sehr viele Vorträge gehalten hat. Sie war eine prominente Intellektuelle der alten Bundesrepublik. In ihrem Nachlass finden sich Geburtstagsglückwünsche von Bundespräsidenten, private Briefe von so bekannten Zeitgenossen wie Marcel Reich-Ranicki und Jürgen Habermas und vielen anderen. Sie hat Auszeichnungen für ihre Bücher bekommen, für ihr gesellschaftliches Engagement, mehrere Ehrendoktorwürden und sogar einen Ehrentitel als Professorin. Sie war gleichzeitig umstritten und geliebt.

Dennoch scheint sie heute eher in Vergessenheit geraten. Ehemalige Weggefährten und Weggefährtinnen halten ihren Namen zwar hoch. Es gibt zum 20. Todestag einige Gedenkveranstaltungen. Aber die Verlage drucken ihre Bücher nicht mehr nach. Es gibt einfach keine Nachfrage mehr, sagen sie als Begründung. Was bleibt also von dieser großen Frau? Lohnt es sich, ihre Bücher wieder zu lesen? Was waren eigentlich ihre

Grundgedanken? Wie hat sie es geschafft, mit so etwas „Abseitigem" wie Theologie so viele Menschen zu bewegen? Lag es an der Genialität ihrer Gedanken? An der Kraft ihrer Sprache? An der Faszination ihrer Person?

Diese Fragen haben mich beschäftigt und haben zu diesem Buch geführt. Zwar gibt es die beiden Bücher über Dorothee Sölles Leben und Werk von Renate Wind und Ralph Ludwig. Ich kann und will sie nicht überbieten, vor allem nicht, was die Details ihrer Biografie betrifft. Aber diese beiden Bücher sind noch in direkter Erinnerung an Dorothee Sölle entstanden. Es sind Bücher von Menschen, auf deren Leben Sölle einen großen und unmittelbaren Einfluss hatte. Das entwertet ihre Gedanken keineswegs. Im Gegenteil, es lässt sich viel daraus lernen und über Sölle erfahren. Aber heute, 20 Jahre nach ihrem Tod, sind die Fragen andere. Nicht nur, dass die Zeit und damit die Theologie sich verändert hat – das ist ja eine banale Erkenntnis. Aber es ist so, dass Dorothee Sölle für mich keine Zeitgenossin mehr ist, sondern eine historische Gestalt. Ihre Texte sind für mich keine Zeitansagen, um es mit diesem altmodischen und schönen Begriff zu sagen. Sie sind Quellen für eine historisch arbeitende Theologie. Oder anders und weniger auf den Fachdiskurs bezogen: Sie sind Dokumente der Zeitgeschichte, die uns helfen zu verstehen, wie wir geworden sind, was wir sind.

Als ich vor ihrem Grab stand, musste ich an Jean-Paul Sartre denken. Nicht deswegen, weil er und sein Konzept des Lebens als *Entwurf* wichtig für Sölles Denken ist. Das gilt zwar auch. Und ich werde das später versuchen zu erklären. Nein, es ist deswegen, weil dies hier ein Ort des Todes ist. Ein Ort, der bei aller Beschaulichkeit der Anlage und auch trotz der Hoffnung, die der kindlich bemalte Regenbogenfisch ausdrückt, für mich vor allem in Erinnerung ruft, dass Dorothee Sölle tot ist. In den eineinhalb Jahren zuvor habe ich mich in ihrem Werk verloren. Dabei hatte ich gelegentlich das Gefühl, als spräche sie zu mir. Wenn ich in kurzer Zeit viele hundert Seiten von ihr gelesen hatte, geschah es, dass mir ihre Gedanken ganz klar vor Augen standen. Wenn ich dann in den Lehrveranstaltungen, die ich in dieser Zeit an der Universität Köln zu ihr gab, mit den Studierenden über sie sprach, erschien es mir, als hätte ich sie wirklich verstanden. Deswegen fiel mir vor ihrem Grab Sartre ein. Denn er hat in seinem berühmten Buch *Das Sein und das Nichts* einen Gedanken über den Tod von uns Menschen verfasst, der mich in seiner Einfachheit und Klarheit seitdem immer wieder beschäftigt hat. Sartre, für den der Mensch dadurch zum Menschen wird, dass er frei ist, schreibt, dass der Tod das Menschsein des Menschen nicht nur beendet, sondern ad absurdum führt. Die Freiheit, von der Sartre spricht, ist natürlich keine Handlungsfreiheit. Dann wäre sein Gedanke radikal dämlich. Denn wir Menschen können natürlich nicht tun, was wir wollen. Das gilt schon allein deswegen, weil wir nur beschränkte Fähigkeiten haben. Sartre meint es anders. Es liegt an jedem Einzelnen, sein Leben zu entwerfen, sich selbst zu etwas zu machen. Selbst wenn der Henker mich zur Hinrichtungsstätte führt, kann ich mich als Sieger entwerfen. Niemand anders kann darüber bestimmen, als was ich mich selbst verstehe. Das ist die Freiheit, die mich ausmacht. Der Tod aber nimmt mir diese Freiheit. Und zwar in einem doppelten Sinne. Einerseits ist mein Leben aus und damit auch meine Fähigkeit beendet, mich selbst zu entwerfen. Andererseits aber geht damit die Deutungshoheit über mein Leben in die Hände anderer über. Wenn ich nun als hingerichteter Schwerverbrecher beschrieben werde, kann ich mich nicht wehren. Weder öffentlich noch innerlich. Meine Freiheit ist ad absurdum geführt.

Dorothee Sölle kann sich nicht wehren gegen das, was ich in diesem Buch über sie schreibe. Das dachte ich, als ich vor ihrem Grab stand. Das ist natürlich eine banale Erkenntnis. Das ist immer so, wenn ein Buch über einen verstorbenen Menschen geschrieben wird. Der Tod übergibt in die Hand der Nachwelt. Aber es gibt ja auch noch die andere Vorstellung des Todes. Eine, die mit dem Namen Heidegger verbunden wird, wenn sie dessen hochkomplexe Todestheorie auch nicht ganz trifft. Auch Heidegger ist ein wichtiger Impulsgeber für Sölle. In seinem frühen Hauptwerk *Sein und Zeit*, gegen das Sartre in der erwähnten Passage anschreibt, hat der Tod einen Sinn. Mehr noch, der *Tod* sorgt sogar erst dafür, dass das *Leben* als Ganzes sinnvoll wird. Die zugrundeliegende Idee ist hier nicht wie bei Sartre die der Freiheit, sondern die der Ganzheit. Etwas, sagen wir einmal ein Wort, kann nur in seinem Sinn erschlossen sein, wenn es ganz ist. Wenn ich „o" statt „Tod" schreibe, kann ich zwar den Tod meinen, aber meine Bezugnahme ergibt keinen Sinn. So ist es für Heidegger auch mit dem Leben. Solange ich lebe, ist mein Leben unabgeschlossen und damit nicht in seinem Sinn erschlossen. Erst ein abgeschlossenes Leben ist ein Leben mit Sinn. Bei Heidegger bekommt dieser Gedanke, eingebettet in eine komplizierte hermeneutische Struktur, noch einmal einen weiteren Sinn. Aber für uns reicht, dass es hier eben die erst mit dem Tode eintretende Ganzheit ist, die dem Leben Sinn verleiht.

Sartre und Heidegger, zwei wichtige Ideengeber Sölles: der Tod als Ad-Absurdum-Führung des Lebens oder als Sinngeber, zwei unterschiedliche Konzepte, die doch eng miteinander verzahnt sind. Beide Aspekte passen gut zu Sölles Gedanken. So lässt sich sagen, dass sie immer am Puls der Zeit geschrieben hat. Sie bezog ihre Themen sozusagen aus der Zeitung, würde sie heute über das Internet beziehen. Ein solcher Lebens- und Schreibensentwurf ist durch den Tod tatsächlich ad absurdum geführt. Ihre Werke müssen, 20 Jahre nach ihrem Tod, hoffnungslos veraltet sein, können nicht mehr am Puls der Zeit liegen. Gleichzeitig durchzieht die Idee der Ganzheit ihr Werk. In ihrem Buch *Hinreise* von 1975 steht das Streben nach der Ganzheit mystischen Denkens Pate für ihr eigenes Streben nach Ganzwerden. Und auch am Ende ihres Schaffens, in ihrem großen Buch *Mystik und Widerstand,* geht es wieder um das Ganzwerden. Welches Konzept fängt ihr Leben besser ein? Das Bewahren oder auch das Vergessen ihres Werkes liegt in unseren, in den Händen derjenigen, die noch leben.

Als ich anfing, mich mit Sölle zu beschäftigen, hatte ich ein recht klares Vorurteil im Kopf. Ich erinnere mich nicht, ob sie mir in einer der vielen Lehrveranstaltungen während meines Studiums begegnet ist. Das ist natürlich auch ein Zeichen für den akademischen Umgang mit ihr. Herabwürdigung durch Nichtbeachtung? Doch wie gesagt, es kann auch sein, dass ich mich nur nicht mehr erinnere. Jedenfalls hatte sich irgendwann die Vorstellung in mir gebildet, dass Sölle eine feministische Theologin war, deren Schriften zwar viel gelesen wurden, die theologisch aber nichts zu sagen hatte, was die Beschäftigung mit ihr lohnen würde. Der einzige

Grund, sich ihr zuzuwenden, könnte sein, dass es eben zu ihrer Zeit keine anderen weiblichen Theologen gab, die überhaupt ausführlich zu systematisch-theologischen Themen publiziert hatten. Eine radikale Fehleinschätzung, wie ich heute weiß! Ich kann den Ursprung dieser Einschätzung nicht mehr zurückverfolgen. Aber zum Glück hat sie mich nicht von Sölle abgehalten.

Ich stieß dann über die Beschäftigung mit Literatur und Theologie wieder auf sie und begann, ihre Habilitationsschrift *Realisation* zu lesen. Ich werde später noch einmal näher auf dieses Buch eingehen. Hier nur: Es ist ein theoretisch fundiertes und inhaltlich pointiertes Buch, das sicherlich überdurchschnittlich ertragreich für eine Habilitationsschrift ist. Kein Jahrhundertbuch, aber für die Frage nach der Beziehung zwischen Literatur, Theologie und Religion auch heute noch sehr zu empfehlen. Ich begann über Sölle zu lesen und las dann auch Sölle selbst. Dabei ging mir auf, wie borniert ich gewesen war. Sie hat so viel geschrieben, dass es nicht möglich ist, schnell einmal alles zu lesen. Vor allem auch deswegen, weil es keine vollständige Bibliographie von ihr gibt. Und die Ausgabe ihrer gesammelten Werke ist überhaupt nicht zu empfehlen. Dort sind viele der Schriften gekürzt und durcheinander veröffentlicht, ohne dass ersichtlich wäre, nach welchem Muster das geschehen ist. In vielen Fällen sind die Eingriffe sogar nur zu merken, wenn man die Schrift in der Originalversion kennt.

Jedenfalls begann ich nach dem ersten Aha-Erlebnis anhand von *Realisation,* immer mehr ihrer Schriften zu lesen. Neben vielen Momenten des zustimmenden Staunens folgten auch viele Momente des verständnislosen Kopfschüttelns und sogar des Abgestoßenseins.

Sölle ist eine Person der Ambivalenz. Aber genau deswegen habe ich sie schätzen gelernt. Ihr Werk bietet viel, wenn man sich darauf einlässt – nicht immer im Sinne von verwertbaren Ideen, nein. Aber das würde auch an ihrem Ansatz vorbeigehen.

Kurz bevor ich nach Hamburg gefahren war, um Sölles Grab zu besuchen und ihren noch vorhandenen Spuren zu folgen, hatte ich schon eine Reise unternommen: nach Luzern zu Fulbert Steffensky. Er war seit 1969 mit Dorothee Sölle verheiratet und ist selbst ein bekannter Theologe. Seine Wohnung liegt keine zehn Minuten vom Seeufer entfernt, leicht erhöht, mit schöner Aussicht. Als ich die Wohnung betrat, empfing mich ein feiner, freundlicher und zugewandter Mann, der immer wieder lächeln musste, wenn er während unseres Gespräches an seine verstorbene Frau zurückdachte.

Ich fragte ihn gleich zu Beginn: „Sollte man die Bücher von Dorothee Sölle im Jahr 2023 noch lesen? Und wenn ja, warum?" Die Frage war ihm fremd, das merkte ich sofort, nachdem ich sie gestellt hatte. Zuerst lobte er ihre Sprachkraft. Dann aber erklärte Steffensky mir, was Dorothee Sölle selbst zu dieser Frage gesagt hätte: „Was für ein Kaufmannsdenken." Natürlich stellten die Menschen solche Fragen, das sei auch legitim, aber so ein Verwertungsinteresse führe zu nichts. Es komme vielmehr darauf an, sich auf etwas einfach einzulassen. Im Fremden, im Neuen und der Begegnung liege der Wert. Meine Sorge, dass sich der weite Weg in die Schweiz vielleicht gar nicht lohnen würde, verschwand sofort. Allein für diese ersten Sätze des alten, weisen Herrn Steffensky hatte sich die Reise gelohnt.

Es kommt darauf an, sich in etwas hineinziehen zu lassen. Es kommt darauf an, sich einer Sache voll, zunächst ohne Verwertungsinteresse, hinzugeben. Erst dann kann eine Sache, in diesem Fall das Werk Dorothee Sölles, ihre Wirkung entfalten. Sich einfach auf etwas einlassen, das ist etwas, was vermutlich nicht nur mir immer schwerer fällt. Aber es führt kein Weg daran vorbei. Wer die bleibende Bedeutung dieser großen religiösen Denkerin des 20. Jahrhunderts erfahren will, muss sich auf sie einlassen, in ihrem Werk versinken.

Als ich mich schließlich wieder von ihrem Grab auf dem Friedhof Nienstedten abwendete, war es beinahe dunkel geworden. Ich lief die engen, gepflegten Wege entlang, vorbei an einer Wasserstelle zum Südausgang dieser vornehmen letzten Ruhestätte. Gleich hinter dem Tor liegt das Fünf-Sterne Hotel Louis C. Jakob. Daneben führt eine Treppe zur Elbe hinab. Keine fünf Minuten später war ich am Ufer des Flusses. Es war nun dunkel geworden und der Himmel hatte aufgeklart. Keine Hamburger klischeehaften Regenwolken hingen mehr über mir. Es öffnete sich ein weiter Sternenhimmel. Ich stellte mich ans Ufer und schaute über das Wasser hinweg und dann auf die Sterne. Seit jeher haben die Menschen bei diesem Anblick über den Sinn ihres Lebens nachgedacht. Diese Sinnsuche Religion zu nennen, mag eine Erfindung des 19. Jahrhunderts gewesen sein. Dass aber dieser Blick in die unendliche Ferne schon immer auch ein Blick ins unendliche Innere war, erscheint mir fraglos. Wie in Sartres und Heideggers Todeskonzeption treffen hier Absurdität und Ganzheit des eigenen Lebens aufeinander. Wir nennen es Universum, *das Gesamte* also, und gleichzeitig haben wir, haben selbst die schlausten Wissenschaftler und Wissenschaftlerinnen unter uns noch nicht die geringste Ahnung, was das Gesamte alles umfasst. So wird unsere Sehnsucht nach

Ganzheit in dem Blick auf das Gesamte ad absurdum geführt. Mich bringt das zu dem Gedanken, dass Sartres und Heideggers Todeskonzeption in der Konsequenz sehr nahe beieinanderliegen. Sinn und Absurdität fallen im Tode in eins. In dem Moment, in dem alles Sinn macht, ist es schon absurd geworden. Oder anders gesagt: Der Sinn liegt in der Absurdität.

Das führt uns wieder zurück zu Sölle und diesem Buch über sie. Ihr Leben zu deuten, liegt nun in unserer, der Nachwelt Hand. Damit ist ihr freiheitsliebendes Leben einerseits ad absurdum geführt, aber andererseits kommt es darin eben erst zu seinem Sinn. Dem Sinn nämlich, dass es auch heute noch etwas zur Gestaltung dieser Welt beizutragen hat. Jedenfalls, wenn wir uns die Zeit nehmen, in ihrem Denken in all seiner Ambivalenz zu versinken.

II.

Wenn wir nun schon am Anfang am Ende waren, wenn wir schon mit dem Tod begonnen haben, bleiben wir doch gleich dabei. Denn der Tod rahmt Dorothee Sölles publizistisches Schaffen. Ihre erste bekannte Publikation ist ein Aufsatz namens *Dekomposition*. Ihre letzte Schrift ist das postum veröffentlichte Buch *Mystik des Todes*, an dem sie noch wenige Tage vor ihrem eigenen Tod geschrieben hatte. In beiden Veröffentlichungen, der ersten und der letzten, geht es um den Tod.

Den Aufsatz *Dekomposition* veröffentlichte sie zusammen mit ihrem ersten Mann Dietrich Sölle in einer Zeitschrift, die das eigene Programm schon im Namen trug: *Zeitwende. Die neue Furche*. Eine „Kulturzeitschrift", wie sie sich selbst nannte, die von einflussreichen protestantischen Persönlichkeiten (unter anderem Hanns Lilje, Landesbischof von Hannover, Reinold von Thadden-Trieglaff, Gründer und erster Präsident des Evangelischen Kirchentags, und Eberhard Müller, Direktor der Evangelischen Akademie Bad Boll) herausgegeben wurde, die zehn Jahre später, als Sölle schon als Skandaltheologin verschrieen war, sicher keinen Text von ihr mehr veröffentlicht hätten. Dieser Aufsatz aus dem November 1954 ist allerdings nicht skandalös. Er dreht sich vordergründig um die damals sogenannte *moderne Kunst*. Das war ein Thema der Zeit. Dabei stand stets die Frage im Hintergrund, was denn „wahre Kunst" ausmacht und damit eben auch die verschleierte Frage, ob die „entartete Kunst" von den Nationalsozialisten nicht vielleicht doch auch ein bisschen zu Recht als entartet bezeichnet worden war. Trotz dieses damals populären

Themas und der wirklich nicht sehr aufregenden Herangehensweise des Autorenehepaars fühlten sich die Herausgeber der Zeitschrift dazu veranlasst, sich von dem Text zu distanzieren. So steht über dem Aufsatz: „Die folgenden Betrachtungen können dem Leser u. E. wesentlich helfen, das Anliegen der modernen Kunst zu verstehen, und zwar gerade deshalb, weil sie ein Beitrag zum Selbstverständnis dieser Kunst ist, d. h. weil die Verfasser selbst auf dem Standpunkt der ‚Dekomposition' stehen. Wir geben ihre Ausführungen deshalb unverändert wieder, obwohl wir nicht in allem mit ihnen übereinstimmen."

Aus heutiger Sicht sind die Künstler, deren Werke die beiden Sölles diskutieren, zweifellos Klassiker. Sie gehen auf Kandinsky, Miró, Picasso, Arp und Paul Klee ein. Die beiden Autoren versuchen der Leserschaft sozusagen den Sinn einer Kunst zu erklären, die keiner klassischen Komposition mehr folgt. Wenn ich diesen Aufsatz heute lese und dabei Sölles späteres Werk mit vor Augen habe, fällt aber vor allem auf, dass das Thema moderne Kunst wie vorgeschoben wirkt. Es mag im Leben der beiden damals eine Rolle gespielt haben. Dorothee Sölles erster Mann, Dietrich Sölle, war Schreiner, aber eigentlich und mit der Leidenschaft war er Künstler. Er malte modern und Sölle wollte ihm damals helfen, seine Kunst nach vorne zu bringen, erfolgreich zu werden. Dietrich Sölle aber kam aus ganz anderen Verhältnissen als seine Frau. Er hatte nicht das Selbstbewusstsein und die Fantasie durch Erziehung mitbekommen, die Existenz seiner Familie auf Kunst aufzubauen. Das führte damals zu vielen Konflikten, und es wird von manchen als der eigentliche Grund für das Aus der Ehe angesehen, dass Dorothee Sölle enttäuscht vom künstlerischen

Ehrgeiz ihres Mannes war. Jedenfalls spielte das Thema Kunst eine Rolle im Leben des jungen Ehepaars. Doch es fällt auf, dass der inhaltliche Fokus des Aufsatzes jenseits der Malerei liegt. Vielmehr gleicht die Pointe des Aufsatzes der von Dorothee Sölles Dissertation, die sie im selben Jahr erfolgreich abgeschlossen hatte. Bei dem Göttinger Literaturwissenschaftler Wolfgang Kayser hatte sie eine Arbeit geschrieben, die fünf Jahre später, 1959, unter dem Titel *Untersuchungen zur Struktur der Nachtwachen von Bonaventura* in der durchaus renommierten Reihe *Palaestra* im Verlag Vandenhoeck und Ruprecht in Göttingen erscheinen sollte. Kayser war einer der Hauptvertreter der *werkimmanenten Interpretation*. Sein Hauptwerk *Das sprachliche Kunstwerk. Einführung in die Literaturwissenschaft* erschien zuerst 1948 und wurde dann in vielen Auflagen immer wieder bis in die 1990er Jahre neu aufgelegt. Kayser war in der Zeit des Nationalsozialismus politisch mitgelaufen und damit genauso wie der schon erwähnte Hanns Lilje oder Sölles großer Lehrer Friedrich Gogarten persönlich in die Verbrechen der Zeit verstrickt – wie groß diese Verstrickung war, darüber kann man streiten, aber *frei von Schuld* waren sie nicht. Die Grundidee von Kaysers werkimmanenter Interpretation war es, den literarischen Untersuchungsgegenstand losgelöst von seinem historischen, sozialen oder gar politischen Kontext als Kunstwerk zu verstehen. Der Kunstwerkcharakter der Literatur hat sich dabei an bestimmten künstlerisch wertvollen formalen Kriterien wie der Struktur zu erweisen. Das Kunstwerk rückt hier also einerseits formal in den Blick und andererseits immer unter der Fragestellung, ob es sich durch diese formalen Kriterien als Kunst ausweisen kann.

Beide Fragestellungen kommen auch in Sölles erster Publikation vor. Die Kunstwerke, die hier unter dem Schlagwort der Dekomposition untersucht werden, sollen als Kunstwerk „in seiner Struktur" untersucht werden. Es fällt jedoch auf, dass Sölle hier über Kaysers Werkimmanenz hinausgeht oder, anders gesagt, diese mit Gedanken Rudolf Bultmanns anreichert. Dessen *existentiale Interpretation* wird hier mit Kaysers Werkimmanenz verschmolzen. So können die Sölles schreiben: „Eine neue Ästhetik [...] muß bei dem Kunstwerk als Kunstwerk ausharren, sie darf nicht einen vorher festliegenden Kodex des Schönen mitbringen, sondern sie muß in ihm die Möglichkeiten des menschlichen Daseins aufspüren, geleitet von der Frage nach dem eigenen Dasein." Diese Betrachtung des Kunstwerks als Kunstwerk liegt ganz auf der Linie ihrer germanistischen Ausbildung, aber die Möglichkeiten des menschlichen Daseins erinnern nicht nur sprachlich sofort an die Existenzphilosophie Heideggers, die mit Bultmanns Bibelhermeneutik eng verwoben ist. Die Sölles schreiben weiter: „Die Ästhetik muß das Kunstwerk zum Sprechen bringen; damit hört es auf, Gegenstand, Objekt einer Kunstbetrachtung zu sein, weil es eine Möglichkeit menschlichen, in der Geschichte gelebten Daseins sagt und weil damit der Mensch, der das Kunstwerk anschaut, liest, hört, eine Möglichkeit seines eigenen Daseins erfährt." Hier klingt deutlich Bultmanns Idee einer existentialen Bibelinterpretation durch. Die biblischen Texte fungieren dort ebenso wie hier das Kunstwerk als Vehikel zur Selbsterkenntnis. Freilich liegt die Gestalt dieser Selbsterkenntnis bei Bultmann nicht allein in der Gewalt des Betrachters, der Betrachterin oder, im Falle eines Bibeltextes, des Interpreten oder

der Interpretin. Sie ist im Gegenteil maßgeblich durch *die Sache* bestimmt, also das, was in dem Text selbst steckt. Das allerdings wird nicht näher inhaltlich bestimmt. Es bleibt abstrakt. Die Sölles sagen in ihrem Aufsatz anschließend auch wörtlich, dass sie sich hier auf Bultmann beziehen. Es heißt dort: „Die Ästhetik muß gerade und nur die Geschichtlichkeit des Kunstwerkes in den Blick bekommen, die ihm eigene Möglichkeit menschlichen Daseins in der Welt; ihre Aufgabe ist – ausschließlich – die existentiale Interpretation." Wie aber kann eine solche existentiale Interpretation anhand eines modernen Kunstwerkes, das nicht einmal mehr einer klaren Komposition folgt, gelingen? Was soll hier überhaupt interpretiert werden? Die Antwort der Sölles lautet, wie schon gesagt, dass die Struktur des Kunstwerkes interpretiert werden soll.

Eine solche Strukturanalyse könnte natürlich – dem Ansatz der »werkimmanenten Interpretation« folgend – mit dem Pathos von Zeitenthobenheit und Formalität geschehen. Das autonome »sprachliche Kunstwerk als solches« stände dann im Mittelpunkt, was dem existenzphilosophischen Versuch entspräche, allgemeingültige und nicht an einen spezifischen zeitlichen Kontext gebundene Daseinsmöglichkeiten des Menschen aufzudecken. Die Sölles aber gehen einen anderen, eher gegenteiligen Weg. Sie binden die Auslegung des Kunstwerkes eng an die Geschichtlichkeit der Auslegung. Auch das könnte man noch formal verstehen. Dann wäre Geschichtlichkeit lediglich ein Hinweis darauf, dass menschliche Zeit endliche Zeit ist, dass also menschliche Daseinsmöglichkeiten immer im Horizont der Endlichkeit interpretiert werden müssen. Aber die Sölles meinen Geschichte hier konkret. Sie schreiben:

„Unsere Fragen selbst [also die Fragen, die der Interpret oder die Interpretin an das Kunstwerk stellt] werden von einem Vorverständnis bestimmt; sie kommen uns nicht, wie wir uns gern glauben machen, aus dem Kunstwerk entgegen. Selbstverständlich ist dieses ästhetische Vorverständnis verwurzelt im jeweiligen Denken einer Zeit. Der Umbruch des Denkens nun, der die neuste Zeit bestimmt, wird an nichts so deutlich wie am Problem der Geschichte."

Wichtig sind hier die Hinweise *auf die Verwurzelung im jeweiligen Denken der Zeit* und der Hinweis auf die *neueste Zeit*. Mit beiden Bemerkungen weisen die Sölles auf die Situation in Deutschland in der Mitte der 1950er Jahre hin. Das Denken dieser Zeit war, zumal bei jungen Menschen, sehr stark mit den Geschehnissen des Nationalsozialismus verbunden. Die Dekomposition, eine Kunst also, die aussagt, „dass sie nichts aussagt", wird von beiden Autoren schließlich als die adäquate Kunstform der Zeit beschrieben. Die strukturellen Merkmale einer solchen Kunst seien, dass sie unverfügbar, sprachlos, ohne Mitte ist.

Diese an der Kunst herausgearbeiteten Merkmale im Zusammenhang mit dem von den Sölles als zentral herausgestellten *jeweiligen Denken einer Zeit* ergibt einen sinnvollen Zusammenhang. Die Zeit, in welcher die beiden schrieben, war eine Zeit voller Ambivalenz. Sölle und ihr Mann waren beide tief geprägt vom Nationalsozialismus. Der Zweite Weltkrieg war noch keine zehn Jahre vorbei. So drehten sich die Gedanken in der Mitte der 1950er Jahre um die Themen: Wie konnten die Verbrechen der Nazi-Zeit geschehen? Welche Schuld trifft mich? Welche Schuld meine Eltern? Wie kann so etwas in Zukunft verhindert werden? Gleichzeitig waren sie umgeben von Menschen, die Schuld auf sich geladen hatten. Die akademischen Lehrer Kayser und Gogarten hatte ich schon erwähnt. Hinzu kommt Emanuel Hirsch, der prominente protestantische Theologe, der den Nationalsozialisten wohl am nächsten stand. Er gehörte auch zum Göttinger Dunstkreis, in dem Dorothee Sölle theologisch sozialisiert und gebildet wurde. Nur zehn Seiten weiter vom Aufsatz der Sölles aus, in der Ausgabe der *Kulturzeitschrift Zeitwende. Die neue Furche* findet sich eine Erzählung des Autors Hirsch. Literarisch völlig unbedeutend und, das ist aus heutiger Sicht das auffälligste, natürlich ohne eine Distanzierung der Herausgeber vom Autor. Die moderne Position der Sölles, die, ehrlicherweise, überhaupt nicht modern war, veranlasste die alten Herren im Herausgeberkreis zu einer Klarstellung. Aber eine Erzählung des glühenden Nationalsozialisten Hirsch, nein, das verlangte kein Wort der Klarstellung von Seiten der Redaktion. Aber wie sollten sie sich auch distanzieren, hatten sie selbst doch teilweise eine Nazi-Vergangenheit.

Sölle war damals noch in einer Zwischenposition, noch nicht in Totalopposition wie später. Dafür war sie noch zu jung, zu unselbstständig. Und es war einfach schwer, in dieser ambivalenten Situation den richtigen Weg zu finden. Sie hatte die Nazi-Zeit als Kind und Jugendliche erlebt. Die Mutter, Hildegard Nipperdey, war wohl eine strikte Gegnerin der Nationalsozialisten, der Vater, Hans Carl Nipperdey, aber machte als Jurist an der Universität Köln Karriere und schrieb an Nazi-Gesetzen mit. Gleichzeitig war er durch eine jüdische Großmutter selbst durchaus gefährdet. Eine Zeitlang versteckte die Familie einen jüdischen Jungen zu Hause.

Die Familie von Dorothee Nipperdey, wie sie damals noch hieß, hatte also ein ambivalentes Verhältnis zu Hitler-Deutschland. In ihren 1993 erschienenen Erinnerungen schreibt sie, dass sie als Vierzehnjährige einmal in der Straßenbahn ein Mädchen mit einem Judenstern sah und sich zu ihr hingezogen fühlte. Aber sie blieb wie angewurzelt stehen und schaute ihr nur nach, wie das Mädchen die Bahn zügig verließ, als zwei Polizisten einstiegen. Und sie schreibt, dass sie sich damals der jüdischen Vorfahren ihres Vaters schämte. Ambivalente Erinnerungen an eine Zeit, die für Sölle eben nicht nur dunkel war, sondern ihre Jugend.

Als der Krieg vorbei und die Nationalsozialisten entmachtet waren, ging es der Familie Nipperdey verhältnismäßig gut. Zwar war Dorothees Bruder Carl im Krieg gestorben, aber Vater, Mutter und die anderen vier Geschwister waren am Leben. Der Vater blieb in seiner Stellung als Professor an der Universität Köln. Das teilweise zerstörte Elternhaus in der Kölner Professorensiedlung wurde wieder aufgebaut. Deutschland war besiegt und befreit zugleich. Dorothee, am Ende ihrer Schulzeit, trauerte damals um dieses Land. Ihre Heimat, Deutschland, schien ihr verloren, wie sie in ihrem Tagebuch schrieb. Der „deutsche Geist" oder die „Nationalliteratur" waren Fixpunkte im Denken des Bildungsbürgertums und damit auch im Denken Sölles gewesen. Nun erwies sich das Leben ohne Mitte, viele Erfahrungen hatten sprachlos gemacht. Ein Sinn in diesem Leben schien unverfügbar.

Das sind die Beschreibungen, die die Sölles auf ihre Kunstwerke anwenden. Und es sind eben Selbstbeschreibungen. Die Ästhetik der Kunst und das Lebensgefühl des Autorenpaars trafen sich. Und auch wenn der sehr von der Existenzphilosophie geprägte Ansatz eigentlich recht unspektakulär war und noch nichts von dem starken Willen zur Abstoßung der Sölle der späten 1960er Jahre hat, gibt es auch hier schon Vorverweise. Es geht wiederholt, wenn auch in Bezug auf die Kunstwerke und die Ästhetik, darum, dass die „ewigen Wahrheiten" und ein absolutes Verständnis des Schönen keinen Platz mehr im Jetzt haben können. Gott ist so eine absolute Wahrheit und ein Verständnis der religiösen Dogmen als unhinterfragbarer Lebensrichtlinie so ein absolutes Verständnis. Beides wurde von Sölle einige Jahre später explizit als ewig gestrige Vorstellung entlarvt. Wobei ich hier kurz erwähnen muss, dass Sölles Ideen der 1960er Jahre eigentlich wenig revolutionär waren. Vielmehr stand sie damit in einer beinahe 200 Jahre alten protestantischen Tradition. Ihre Erkenntnisse waren systematisch-theologisch gesehen „Schnee von gestern". Lediglich die sprachliche Vehemenz und die persönliche Leidenschaft, mit der beides vorgetragen wurde, waren vielleicht neu. Aber dazu mehr, wenn es um *Stellvertretung*, ihr erstes Buch, geht.

Jetzt kommen wir erst einmal zurück zur Frage nach dem Tod, das anfängliche Thema dieses Kapitels. Dass Sölles erste und letzte Publikation den Tod in den Mittelpunkt stellen, gibt einen Hinweis auf ihren gesamten Denkansatz. Aber wo genau kommt der Tod nun in ihrem Aufsatz *Dekomposition* vor? Bisher sind wir noch nicht auf ihn gestoßen. Am Ende des Aufsatzes, nachdem die Sölles die Kunstwerke der Maler auf ihre Struktur hin untersucht haben und immer wieder auf das Sinnlose gestoßen sind, und nachdem sie auch noch ein Beispiel literarischer Dekomposition (Kafka) aufgeführt und interpretiert haben, schließen die Sölles den

Aufsatz mit einem Absatz unter der Überschrift *Dekomposition und Existenz*. Die einleitenden Sätze lauten:

„Die existenziale Interpretation der Dekomposition ist bereits angedeutet. Der Verlust der Mitte wird in der modernen Kunst weder beklagt noch begrüßt, sondern gerade als das eigenste Geschick auszutragen versucht. Wir sagten, die Zentralkomposition konfrontiere den Menschen mit dem Raum, meinem seinem Raum, der Welt. Die Dekomposition konfrontiert den Menschen mit dem Nichts."

Dabei weist das Autorenehepaar explizit noch einmal darauf hin, dass dieses Nichts eine Chiffre für die Konfrontation des Menschen mit dem Nichts ist, was im Umkehrschluss bedeutet, mit sich selbst ist. Das schreiben die Sölles ein paar Zeilen weiter unten dann auch.

Hier steht wieder Heidegger im Hintergrund. In seinem Hauptwerk *Sein und Zeit* finden sich genau diese Gedanken. Heideggers Konzept ist dabei inhaltlich unbestimmt – wie es auch die Sölles immer wieder von dem ihren betonen. Es ist eine Art Baukasten, mit dem sich eine konkrete Theorie konstruieren lässt. Dass diese Theorie in komplett gegensätzliche Richtungen konkretisiert werden kann, zeigt sich daran, dass beispielsweise der von Heidegger massiv geprägte Jean-Paul Sartre seinen marxistisch-linken Existenzialismus hier ansetzen konnte, während immer wieder diskutiert wird, ob nicht gerade die Nähe Heideggers zu den Nationalsozialisten in seiner Philosophie schon mit angelegt ist. Auf Heidegger bezieht man sich von ganz links bis ganz rechts. Denn die einzige inhaltliche, man könnte auch sagen ethische Konkretion in *Sein und Zeit* ist der Tod – oder anders ausgedrückt: das Nichts.

In Heideggers berühmter Gewissensauslegung in *Sein und Zeit* wird deutlich, was das inhaltlich heißt. Das Gewissen ruft das Dasein zu sich selbst. Das Dasein jedoch ist als *Sein zum Tode* bestimmt. Das bedeutet, es ist nichts als seine eigene Vergänglichkeit. Das Gewissen sagt, konkret und übersetzt: Du wirst sterben. Für die Ethik bedeutet das vor allem: Du selbst als vergängliches Dasein bist die Instanz, die dein Handeln beurteilt, und nichts sonst. Was folgt daraus für die Ethik? Viele Möglichkeiten kommen hier in den Sinn; von den egozentrischsten bis zu den sozialsten Reaktionen ist alles möglich. Es liegt am Dasein selbst, eine Reaktion auf die eigene Vergänglichkeit zu finden. Ob es daraus schließt, dass alles egal ist, oder gerade, dass jeder Moment jedes einzelnen Lebens unendlich viel wert ist? Hier gibt es vermutlich so viele Antworten wie es Daseine gibt.

Die Sölles nehmen diese Gedanken auf, wenn sie im erwähnten Schlussabsatz zusammenfassen, was sie unter der Dekomposition als Methode der modernen Kunst verstehen:

„Wenn die Dekomposition Konfrontation des Menschen mit dem Nichts ist, dann konfrontiert sie in eins damit den Menschen mit sich selbst. Wohin gerät er dabei? Er hält die Geschichte aus, d. h. er setzt sich ihr aus, nämlich der Verantwortung, in die ihn das Unsichtbare ruft. Er hält sie aus als das Zukünftige, das, was auf ihn zukommt. Wir wagen es, dieses Sichaussetzen ‚Hoffnung' zu nennen."

Konkreter wird es hier noch nicht, auch wenn diese Betonung der Hoffnung und der Zukunft natürlich schon an spätere Gedanken von Dorothee Sölle erinnern. Erst ab den 1968er Jahren beginnt Dorothee Sölle, die leeren

Begriffe „Hoffnung" und „Zukunft" mit konkreten Ideen zu füllen. Sie tut das, indem sie aktuelle politische Missstände (oder genauer: das, was sie dafür hält) identifiziert und eine Perspektive der Besserung ausmalt. Die „Quellen", auf die sie sich dabei bezieht, dienen ihr als Anregung, Stichwortgeber, Meditationsgrundlage für die eigene *existentiale Interpretation.* Insofern ist dieser erste veröffentlichte Aufsatz ein Schlüssel für Sölles Werk. Es zeigt sich hier ein Vorgehen, das wir später immer wieder finden werden.

Und nicht nur das, es zeigt sich, wie Sölle hier bereits, ganz zum Beginn ihres schriftstellerischen Schaffens, an den Tod anknüpft. Die schrecklichen Geschehnisse der 25 Jahre ihres jungen Lebens, also die Ereignisse von 1929 bis 1954, haben ihr die Sinnlosigkeit der Welt und des eigenen Daseins mehr als in nur einer Weise vor Augen geführt. Bestätigt findet sie diese Deutung des eigenen Lebens in den Werken der modernen Malerei, über die sie hier spricht, und in den Texten Kafkas, die sie als Beispiel für die Dekomposition anführt. Und sie findet sie in der Existenzphilosophie des jungen Heideggers, den sie schon zu Schulzeiten gelesen hatte. Der Tod ist das Einzige, das dieser Sinnlosigkeit entgegensteht. Er, der Tod, vermag die Sinnlosigkeit in Sinnhaftigkeit zu wenden. Denn der Tod, anerkannt als radikales Ende des eigenen Lebens, verweist mich auf die Absolutheit der eigenen Lebenszeit. Das, was mir während meines Lebens begegnet, das, was ich erfahre, ist alles, was da ist. Es ist der Sinn. Wenn das einmal anerkannt ist und die alten Gedanken an einen rettenden Gott oder ein alles zurechtrückendes Jenseits hinter mir liegen, bin ich frei, die religiösen Symbole ganz auf das Hier und Jetzt hin auszulegen. Ich kann sie auf ihre Zeitansagen hin destillieren. Und nicht nur die religiösen Symbole mit ihrer biblischen Grundierung, auch die Literatur, die Kunst, die Quellen der Theologiegeschichte, alles wird mir zum Material der Auslegung des Jetzt. Sölles grundlegende Erkenntnis, die ihr Werk vom ersten bis zum letzten Text prägt, ist genau das: Es gibt nichts. Der Tod ist alles. Die Sinnlosigkeit ist der Sinn. Für Sölle steckt diese Erkenntnis in den alten Traditionen der Religion. Deswegen hat sie hier ihre Kraft gefunden, mit dieser sinnhaften Sinnlosigkeit produktiv umzugehen.

Ich muss an dieser Stelle eine Pause machen, einen Schritt zurücktreten. Als ich vor Dorothee Sölles Grab stand, musste ich an Jean-Paul Sartre denken und an seine These, dass der Tod das eigene Leben in die Hand der anderen übergibt. Sölles Leben ist mir nun als Gegenstand der Deutung gegeben, sie kann sich nicht mehr selbst setzen, nicht gegen meine Worte wehren. Es mag sentimental sein, aber mich schreckt das. Ich frage mich, ob es nicht vielmehr mein Thema ist, das ich hier in Sölle finde. Wenn ich schreibe, dass der Tod und seine Bedeutung als Sinnlosigkeitsmarker in unserem Leben ihr Werk wie eine Klammer umfasst, schreibe ich das vielleicht nur, weil ich selbst so sehr mit diesem Thema befasst bin. Immerhin habe ich für meine Dissertation fünf Jahre des Forschens dem Tod und Heidegger und der Deutung des Todes im Protestantismus des 20. Jahrhunderts gewidmet. Finde ich deswegen sofort Heidegger und den Tod in Sölles Schriften? Und sage: Ja, das ist der Kern! Das ist durchaus möglich. Ich kann mich Sölle nur durch meinen Zugang nähern. Gleichzeitig ist es kein Zufall: Denn die für Sölle grundlegende Methode der existentialen Interpretation geht genauso vor. Und dass ich diese Methode für Sölle als zentral ansehe, liegt nicht nur daran, dass ich sie von Bultmann und Heidegger her gut kenne. Sölle selbst verweist in beinahe allen zentralen Texten bis hin zu ihrem wichtigen Buch *Politische Theologie. Eine Auseinandersetzung mit Rudolf Bultmann* von 1971 auf genau diese Methode. Und nach Bultmann ist die hermeneutische Struktur einer solchen Interpretation eben geprägt von einem Vorverständnis, von den Fragen, die man mitbringt und von deren Beantwortung man zumindest eine Ahnung hat. Oder wie Heidegger bereits in *Sein und Zeit* gesagt hat: Der Zirkelcharakter von Interpretation ist nicht zu vermeiden. Wichtig ist nur, dass man sich darüber im Klaren ist und den Zirkel ausweist. Sölle kannte Bultmanns Theorie besser als die meisten. Sie wusste um diese Schwierigkeit. Dieser Gedanke hilft mir, wenn ich fürchte, nur mich zu finden, wenn ich Sölle lese.

Jetzt kommen wir von der ersten Publikation zur letzten. Das Buch *Mystik des Todes* ist im Jahr 2003 erschienen. Es lagen also nur wenige Monate zwischen Dorothee Sölles Tod und dem Erscheinen ihres letzten Buches. Fulbert Steffensky schreibt im Vorwort, dass seine Frau „die letzten Zeilen [...] zwei Tage vor ihrem Tod geschrieben" habe. Das Buch trägt den Untertitel: *Ein Fragment.* Und das ist es auch. Es hat weder einen inhaltlichen roten Faden noch einen systematischen Aufbau. Es sind vielmehr einzelne, unzusammenhängende Kapitel, die alle in irgendeinem Sinne mit dem Thema Tod verbunden sind. Jenseits des konkreten Inhalts gibt es aber doch eine Art roten Faden. Noch einmal aus Steffenskys Vorwort: „Es ist das Buch eines müde gewordenen Menschen. Sie hat zeit ihres Lebens leicht geschrieben. Bei diesem Buch ist ihr jede Zeile schwer geworden. Sie hat sich gequält, wie man sich nicht nur wegen eines Buches quält. Es war ihre Auseinandersetzung mit der Endlichkeit und mit dem Tod, ihre Sterbevorbereitung." Hier wird das theologische Schreiben der Autorin Dorothee Sölle eng mit ihrer eigenen Lebenssituation verbunden. Das mag einerseits wie eine Selbstverständlichkeit erscheinen. Wer alt ist, vielleicht das nahende Ende des eigenen Lebens spürt, wird sich, zumal als Theologin, sicher mit dem Tod und dem eigenen Lebensabend auseinandersetzen. Dennoch suchen viele Theologen und andere Autoren vermeintlich sachlicher Texte diese Personalisierung ihres Schreibens durch Abstraktion und Vermeidung des Autoren-Ichs zu verschleiern. Aber wirklich interessante Texte entstehen nicht aus der Perspektive der Uneingebundenheit. Vielmehr führt das Benennen der eigenen existentiellen Betroffenheit zu einem ehrlicheren und damit auch lesenswerteren Text. Dies ist sicherlich auch eines der Glaubwürdigkeitsprobleme heutiger Geisteswissenschaft und auch des Journalismus. Es wird wie in früheren Zeiten an einer Perspektive der Objektivität festgehalten, wobei allen Beteiligten klar ist, dass es die nicht gibt. Das Benennen der eigenen Betroffenheit, und zwar nicht in einem wiederum Objektivität vortäuschenden Disclaimer, sondern im Text selbst, verschafft den Lesern erst die Möglichkeit, die eigene *Objektivität* zu finden. Dieses Verschleierungsproblem hatte Sölle spätestens seit den späten 1960er Jahren nicht mehr, als immer öfter die eigene Position und auch Schilderungen des eigenen Lebens in ihren Texten auftauchen. Dass ihr Buch über den Tod also ein persönliches Buch über den Tod ist, kann niemanden überraschen. Doch es ist eben auch mehr als das. Es ist ein persönliches Buch über den Tod im Angesicht oder zumindest in Ahnung des nahestehenden Todes.

In Ralph Ludwigs Buch über Dorothee Sölle wird ein Brief Fulbert Steffenskys zitiert, in dem er über die letzten Stunden seiner Frau berichtet:

„Dorothee hatte im Januar einen mittelschweren Herzinfarkt, den sie selber nicht sehr ernst nahm. Wir fuhren für drei Wochen zu einer Rehabilitation an die Nordsee. Unmittelbar danach hat Dorothee wieder gearbeitet. Sie saß an einem Buch, das sie unbedingt beenden wollte. Sein Thema: ‚Mystik des Todes'. Die Arbeit an diesem Buch war ihre Sterbevorbereitung. Am 25. April fuhren Dorothee und ich nach Bad Boll, einer Evangelischen Akademie in der Nähe von Stuttgart. Thema der Tagung war ‚Gott und das Glück'. Sie hielt am Abend des 25. einen Vortrag mit dem Titel ‚Wer nur das Glück will, will nicht Gott'. Am Abend des 26. las sie aus ihren Gedichten und Texten. Der letzte Text, den sie las, war ein Brief an ihre Enkelkinder, dabei weinte sie. Danach saßen wir mit einigen Freunden zusammen, tranken Wein und waren guter Dinge. Am frühen Morgen des 27. bekam sie einen neuen Herzinfarkt. Wir brachten sie in ein nahegelegenes Krankenhaus. Dort starb sie nach drei Stunden. Wie sie es beim Sterben ihrer Mutter getan hatte, sang ich ihr Lieder und betete Psalmen. Dann ist sie sehr sanft gestorben."

Auch wenn es merkwürdig klingt, Dorothee Sölles Sterben passte zu ihrem Leben. Verwoben mit ihrer Arbeit, unmittelbar verbunden mit den Menschen, mit denen und für die sie arbeitete. Ihr Tod wie auch ihr Leben über eine lange Zeit war ihrem Schreiben verbunden. Der

Brief an die Enkelkinder, den Steffensky hier erwähnt, liest sich beinahe wie ein Abschiedsbrief. Im zweiten Absatz heißt es dort:

> „Eigentlich mag ich euch nicht einen ‚Gute-Ratschlag-Brief' schicken, wie man's im Leben zu was bringt und den Kopf immer oben behält oder welche Bücher man auf eine einsame Insel mitnimmt, obwohl von einem Buch [...] sollte man sich nicht trennen lassen. Ich will euch lieber erzählen, was ich von euch gelernt habe. Gerade wollte ich sagen, dass ich gute Ratschläge für eine der vielen Erwachsenendummheiten halte, da fällt mir ein, dass ich ‚Üb' immer Treu und Redlichkeit bis an dein kühles Grab' eigentlich gern singe, Mozart zuliebe. Und damit bin ich schon in der Ratschlagecke gelandet, ihr ahnt sicher, was kommt, wie könnte es anders sein!"

Sölles Zeilen an ihre Enkel, die dann auf drei Seiten folgen, sind persönlich und ich frage mich, warum sie diese dort in der Akademie vorgetragen hat. Für die Enkel ist es natürlich ein Segen, so unmittelbar vor ihrem Tod noch einen Brief von der Großmutter zu erhalten. Sölle scheint ihren Tod gespürt zu haben. Sie beendete den Brief mit dem Satz: „Vergeßt das bitte nicht, auch wenn die alte Mumama euch eines Tages keine Geschichten mehr erzählt."

Sölle war in ihrem Schreiben immer bereit, alles zu geben. Und das bedeutet für einen Menschen eben: sein eigenes Leben ganz in die Waagschale zu werfen. Meine These ist, dass sie das tat, weil es ihr in ihrem Schreiben vom Anfang bis zum Ende, von *Dekomposition* bis zu *Mystik des Todes,* um alles ging. Es ging ihr um die Suche nach dem Sinn ihres eigenen Lebens im

Bewusstsein des alles beendenden Todes. So durchzieht die einzelnen Kapitel des Todesbuchs genau diese Frage. Sie verbindet das eigene Suchen nach einer adäquaten Beschreibung des Todes ständig mit der eigenen Situation. So schreibt sie beispielsweise, es sei nicht der Tod, der ihr Angst mache, sondern „was mir Angst macht, ist die technokratische Sicherheit, dass jederzeit alles, was es auf Erden gibt, verfügbar und käuflich ist". Oder sie schreibt, sinngemäß, im Zusammenhang mit einer Kritik am christlichen Anthropozentrismus, dass sich hierin eben auch die menschliche Selbstüberhöhung zeige, die schließlich zu einer Zerstörung des Planeten führen könnte. Es folgt darauf: „Die Annahme der Endlichkeit des Lebens und der Vergänglichkeit des Ich verbindet uns mit allen anderen Lebewesen, macht aus Besitzern und Benutzerinnen endlich Geschwister." Es war ihre eigene Situation, die Suche nach einer Möglichkeit der Annahme der Endlichkeit. Sie gab hier dem Tod, dem großen Ausweis der Sinnlosigkeit, einen Sinn, wie wir es oben im Zuge des Aufsatzes zur modernen Kunst schon gesehen haben. Die Kontinuität ist beeindruckend. Weiter hinten im Buch fragt sie dann: „Wie können wir ihn [den Tod, KS] wieder integrieren, statt ihn zu verdrängen und zu verleugnen?" Immer wieder scheint auch die Angst durch, die sie im Buch verallgemeinernd als allgemeine Angst der Menschen im Angesicht des Todes beschreibt. Diese Angst erscheint mir aber im Bewusstsein der Entstehungssituation des Buches und auch im Bewusstsein der denkerischen Quellen Sölles, nämlich hier nun besonders Heideggers, eben die eigene existentielle Angst zu sein. Sölle bezieht sich gegen Ende des Buches auf einen Essay von Ivone Gebara. Dort heißt es: „Gebaras Hoffnung, die uns die kalte Angst nehmen kann, ist auch meine. ‚ich glaube, dass es möglich ist, den Tod stärker als einen Teil in uns zu integrieren, der zu allem Lebendigen gehört.'" Sölle konstruiert den Tod hier als Sinngeber des Lebens, indem sie den Menschen in den Kreislauf der Natur einzieht. Dass sie dabei die Individualität entwertet, ist durchaus typisch für sie. Das hat sie in ihren politischen Texten auch immer wieder getan, um den vermeintlich überindividuellen Standpunkt der Gesellschaft oder anderer kollektiver Entitäten stark zu machen. Hier wendet sie diesen gedanklichen Trick auf sich selbst und die eigene Situation des Sterbens an, wenn sie schreibt: „‚Der Tod, der heilige Tod, ist ein Teil des Lebens, verwoben mit dem eigenen Leben, er ist Teil desselben Fadens und deswegen ist er schön ... eine geheimnisvolle traurige und große Schönheit.' So lässt sich die Annahme der Endlichkeit, die zugleich von der Liebe zum Ewigen getragen ist, ausdrücken."

Dass diese Verherrlichung des Todes immer auch eine gefährliche Seite hat, darauf machte sie in gemeinsamen Gesprächen schon Fulbert Steffensky aufmerksam. So sagte er dazu einmal: „Warum sollen die jungen Kerle, die zum Militär gezwungen wurden und mit 18 Jahren von Granaten zerrissen wurden, sich mit der Endlichkeit zufrieden geben? [...] Mir ist der Gedanke zu schön: Der Rhythmus von Werden und Vergehen ist vorgegeben, es gibt Tag und Nacht und Wärme und Kälte. Das unterschlägt die Bitterkeit des Sterbens." Dass Sölle diese dunkle Seite des Todes verdrängt, lässt sich ihr sicherlich nicht vorwerfen. Dafür hat sie das schwere Schicksal von gesellschaftlich dermaßen *getöteten* Menschen zu oft betont. Es ist wohl vielmehr so, dass sie diese Unschärfe hier in Kauf nimmt, weil es ihr hier nicht um ein solches „barbarisches Ende" geht, wie sie es einmal nennt, sondern um den Tod am Ende eines erfüllten Lebens. Es geht ihr hier um ihren eigenen Tod.

So lässt sich am Ende dieses Kapitels über das Ende am Anfang und den Anfang am Ende sagen, dass Sölles Schreiben von Beginn an eine Auseinandersetzung mit ihrer eigenen Lebenssituation war. Wie sie in diesem ersten Aufsatz zusammen mit Ihrem ersten Ehemann geschrieben hat, waren ihre Texte *verwurzelt im jeweiligen Denken einer Zeit,* die eben nicht eine abstrakte Zeit war, sondern ihre Zeit. Sie schrieb über die drängenden Fragen ihrer Zeit aus der Perspektive ihrer ganz persönlichen Zeit, die sie selbst von Beginn ihres Denkens immer als eine endliche Zeit verstanden hat. Dass ich diese doppelte Personalisierung ihrer Texte dabei keineswegs als Anzeichen von Unsachlichkeit oder gar als unredliche Subjektivierung von objektiven Problemen sehe, ist hoffentlich klar geworden. Im Gegenteil kann sie uns heute damit ein Vorbild sein. Auch das so objektiv scheinende Thema wird durch eine reine Postulierung der eigenen Objektivität nicht davon befreit, durch den Weg unserer persönlichen Gedanken thematisiert zu werden.

III.

Dorothee Sölle fasziniert. Sie faszinierte zu Lebzeiten ihre glühenden Verehrer und ihre wütenden Gegner gleichermaßen. Und sie fasziniert auch heute, junge Theologinnen und Theologen wie ältere Weggefährten und Weggefährtinnen. Und mich. Und sie polarisiert. Das gilt heute noch immer, wenn auch in weit abgeschwächtem Maße. Zu Lebzeiten aber, besonders ab der Mitte der 1960er Jahre, war sie heiß umstritten. An ihr schieden sich die Geister. Ja, von manchen ihrer Gegner wurde die Haltung zu Dorothee Sölle gar zu einer Bekenntnisfrage ausgerufen, die mit der Bekenntnisfrage zur Zeit des Nationalsozialismus verglichen wurde. Was für eine absurde Übertreibung, kann man da nur sagen. Aber es waren eben andere Zeiten.

Sie war eine rastlose Publizistin, allerdings hatte sie nach ihrer Promotion und der zeitlich naheliegenden Veröffentlichung des Aufsatzes *Dekomposition* erst einmal andere Dinge zu tun. Andere Dinge zu tun zu haben, ist jedoch für Dorothee Sölle nie so richtig ein Argument gewesen, wie es in der Rückschau scheint. Denn andere Dinge hatte sie immer zu tun. Sölle war neben ihrer Rolle als umstrittene, gehasste und geliebte öffentliche Intellektuelle seit dem Jahr 1956 zuerst einfache, dann ab 1957 zweifache Mutter und ab 1961 sogar dreifache Mutter. Außerdem arbeitete sie seit 1954 zunächst als Referendarin, dann als Lehrerin an einem Mädchengymnasium in Köln-Mühlheim. Sie, so kann man es immer wieder lesen, musste Geld verdienen, weil ihr Mann als Maler keines verdiente. Es war ein Segen für Sölle, dass sie aus der Familie kam, aus der sie kam. Nicht nur, dass sie liberal und freidenkend erzogen worden war, sie bekam auch jetzt als junge berufstätige Mutter viel Unterstützung von ihren Eltern. Die junge Familie zog sogar wieder in das alte große Haus der Eltern in der sogenannten Kölner Professorensiedlung.

Dieses Haus in der Wolfgang-Müller-Straße in Köln-Marienburg war sicher in vielerlei Hinsicht prägend für Dorothee Sölle. Die Universität zu Köln, die 1919 wiedergegründet worden war, hatte damals große Probleme, ihre freien Professuren zu besetzen. Das lag auch am allgemeinen Wohnungsmangel damals. Eine neue und wohl für eine Zeit lang auch gut funktionierende Idee, um damit umzugehen, war es, Genossenschaften zu gründen und diese eigene Häuser bauen zu lassen, die dann an die neuberufenen Ordinarien vergeben werden konnten. Die Historikerin Nicola Kresken hat in ihrem Aufsatz „Die Baugenossenschaft Kölner Universität GmbH zwischen 1920 und 1937" sehr genau beschrieben, wie es dazu kam. Sie schreibt in ihrem Aufsatz auch über Sölles Vater: „Hans Nipperdey forderte während seiner Berufungsverhandlungen 1925, das Haus seines Vorgängers in der Professorensiedlung zu übernehmen. Die Baugenossenschaft hielt das Haus ‚im Interesse der Gewinnung des Prof. Nipperdey' bis zu dessen Berufung frei." So zog die Familie Nipperdey in das Haus in der Wolfgang-Müller-Straße, über die Kresken schreibt:

„In den umliegenden Straßenzügen der Professorensiedlung bestehend aus Lindenallee, Parkstraße und Unter den Ulmen entstand die Villenkolonie der wohlhabenden Kölner Bevölkerung […]. Namhafte städtische Industrielle und Bankiers ließen sich hier nieder. In direkter Nachbarschaft residierten der Kölner Verleger Josef Neven Du-Mont sowie der Fabrikant Wilhelm Auerbach. [...] Es war die exklusive Lage, die offenbar dem Selbstwertgefühl der Professoren entsprach. Zur Realisierung des Projekts war eigens ein neuer Straßenteil angelegt worden. Dieses Stück der Wolfgang-Müller-Straße wurde als Sackgasse konzipiert, war somit vom alltäglichen Stadtverkehr abgeschottet und wurde entsprechend nur von Anliegern aufgesucht. Sie versprach also eine gewisse Privatheit der Gemeinschaft. Die Siedlung bestand aus 14 Wohneinheiten, die sich auf sieben an eigenen kleinen Stichwegen gelegene Doppelhäuser verteilten und einen gemeinsamen Garten und Innenhof umschlossen."

Diese Siedlung war der Ausgangspunkt von Sölles Leben und es scheint ein sehr vorteilhafter gewesen zu sein. Dorothee Sölles Bruder, der bekannte Historiker Thomas Nipperdey, hat einmal in einem Aufsatz über seine Jugendzeit berichtet. Was er dort über das Aufwachsen in der „Professorensiedlung" schreibt, verfestigt diesen Blick auf Sölles Elternhaus noch einmal. Er schreibt, dass es drei Luxusdinge in seiner Jugend gegeben habe, die ansonsten trotz der gehobenen Stellung des Vaters „puritanisch geprägt gewesen sei". Nipperdey:

> „Es gab drei große Ausnahmen in diesem puritanischen Lebensstil, die ihn zwar nicht direkt Lügen straften, aber doch eigentlich konterkarierten. Aber das fiel uns als Kindern nicht besonders auf, selbst wenn wir uns mit anderen verglichen. Objektiv aber war das Luxus. Das eine war ein Haus und seit der Geburt der jüngsten Schwester ein großes Haus, mit drei Stockwerken, in dem wir Kinder zwar zu zweit oder zu dritt, die großen Brüder und die

drei Kleinen, zusammen schliefen, aber in denen wir doch auch noch ein Kinderzimmer und ein Arbeitszimmer, und ich sogar ein vier Quadratmeter großes Kämmerchen für meine Schularbeiten hatte, und entsprechend war die Raumausstattung für die Erwachsenen. Dazu kam ein großer Garten. Und dann [...] die Voraussetzung aller bürgerlichen Kultur des 19. und frühen 20. Jahrhunderts: das Mädchen, das Dienstmädchen, ja genauer in den 30er Jahren, also bis zum Krieg zwei Mädchen, eines für die Küche und eines für die Kinder, lange Zeit wechselnde Schwestern aus einer Familie, patriarchalisch eingebunden, innig geliebt, zumal wenn man mit einer in ihr Dorf durfte. Nur eine kam mit in die Ferien. Da mußten wir im Haushalt arbeiten, Spülen und Abtrocknen vor allem, und sonst manchmal im Garten; erst im Krieg wurde das dann das Üblichere. Keineswegs zog sich meine Mutter in die Rolle der feinen Dame oder in eine gesellschaftliche Existenz zurück [...]. Und natürlich ein letzter Luxus, der größte gewiß, bei akademisch intelligenten Eltern Ende der 20er Jahre, das waren wir, die fünf Kinder, Wunschkinder; diese Zahl war damals schon nicht mehr so häufig [...]."

Thomas Nipperdey erzählt hier natürlich mit einem gewissen Understatement. Sein Text ist an seine Kollegen, an die Zunft der Historiker, gerichtet und somit notwendigerweise eine Stilisierung seiner Erlebnisse. Das zeigt sich auch deutlich in der gestelzten Sprache und dem Versuch, möglichst neutral über die eigene Jugend zu schreiben. Er versucht möglichst unpersönlich zu schreiben, obwohl der Inhalt des Textes natürlich sehr persönlich ist. Hier scheint auf, wie unterschiedlich die Geschwister Thomas und Dorothee waren. Ihre Texte waren immer persönlich und das ab den 1970er Jahren auch in einer oft expliziten Weise. Aber das ist jetzt nicht unser Thema.

Ich zitiere den Text Thomas Nipperdeys lediglich, um noch einmal die außergewöhnlich guten familiären Ausgangsbedingungen zu illustrieren, von denen aus sich Dorothee Sölle auf ihren langen Denk- und Kampfweg begeben hat. Denn unbestreitbar ist: Die charakterlichen Fähigkeiten Sölles, um in ihrer Zeit als Frau so selbstbewusst und unerschrocken gegen all die männliche Macht anzutreten, die es ihr, noch bevor sie ein Wort gesagt hat, übelnahm, dass sie – als Frau – überhaupt vorhatte zu sprechen, ist eng mit der Sicherheit verbunden, die ihre Familie ihr bot. Sölles Biographin Renate Wind zitiert die Tochter Mirjam mit der Aussage, dass es natürlich leichter sei, unabhängig zu sein, wenn Geld da ist.

Geld war da, aber es war *family money,* wie es im Englischen heißt, und nicht selbst verdientes Geld. Die Eltern unterstützen die Familie der jungen, unabhängig denkenden Tochter. Und das galt eben auch noch, als die junge Familie mit den drei Kindern wieder in das von Thomas Nipperdey so anschaulich geschilderte schöne große Haus zog. Das bedeutete nicht nur finanzielle Unterstützung. Gleichzeitig half Sölles Mutter – wie auch immer wieder Au-pair-Mädchen – bei der Kindererziehung. Sölles publizistisches Großwerden war eng mit ihrer Herkunft verbunden. Auch den Job als freie Mitarbeiterin beim Westdeutschen Rundfunk, der sie zum ersten Mal bekannter machte, bekam sie aufgrund von familiären Verbindungen. Sie war deswegen später in der Lage, gegen die liberal-bürgerliche Gesellschaft der Bundesrepublik anzuschreiben und deren

Hang zum US-amerikanischen Kapitalismus scharf zu kritisieren, weil genau diese gesellschaftliche Herkunft ihr diese Fähigkeiten erst beigebracht hatte. Das ist ein Widerspruch, der wiederholt in ihrem Leben auftaucht. Ein Lieblingsobjekt ihrer Kritik war die USA. Ich werde das später, wenn es um ihre amerikanische Phase geht, noch ausführen. Häufig finden sich völlig überzogene USA-Kritiken – samt Nazi-Vergleich und dem Wunsch, die US-Fahne zu verbrennen. Gleichzeitig war die US-Gesellschaft ihr gegenüber sehr aufgeschlossen, sie konnte schreiben und sagen, was sie wollte, hatte wohl eine gut bezahlte Position inne und verbrachte dort wahrscheinlich die glücklichste Zeit ihres Lebens. Gerechtigkeit in der Kritik und das feine Durchdenken der Ambivalenzen von realpolitischen Situationen waren ihre Sache nicht. Sie versuchte das aber auch gar nicht. Vielmehr gehörte es geradezu zu ihrem Programm, über die Feinheiten einer ambivalenzsensiblen Gegenwartsanalyse hinwegzubrausen und der harten und ungerechten Gegenwart eine ebenso harte Utopie des Reiches Gottes gegenüberzustellen.

Ab dem Jahr 1960 arbeitete Sölle neben ihrem Beruf als Lehrerin, wie schon gesagt, auch als freie Mitarbeiterin für den Westdeutschen Rundfunk. Einige der in dieser Zeit entstandenen Radiobeiträge sind später von ihr in dem Buch *Die Wahrheit ist konkret* veröffentlicht worden. Hier zeigt sich ein Talent Sölles, das bei dem ihr immer nachgesagten Desinteresse an allem Finanziellen (auch etwas, das man sich leisten können muss) doch überrascht: Sie war eine echte Künstlerin im Zweit- und Drittverwerten ihrer Texte. Vielleicht lag das aber auch an den Verlagen, die ab einem bestimmten Zeitpunkt wussten, dass sie mit Sölle-Büchern gutes Geld verdienen konnten, auch wenn diese nur Wiederabdrucke von schon veröffentlichten Essays enthielten. Sölle jedenfalls arbeitete ab 1960 nebenbei für den Rundfunk. Die Texte, die sie damals schrieb, sind noch ganz in der Fluchtlinie ihrer Dissertation und der frühen Veröffentlichungen mit ihrem Mann. Aber gleichzeitig deuten sich viele Motive hier schon an, die erst später genauer ausgeführt wurden. Sölle schreibt in diesen Texten eher existentialistisch, durchaus schon mit einem links-politischen Einschlag, aber ohne politische Konkretion – und das trotz des Titels des Buches, in dem die Radiobeiträge dann später erschienen. Das erklärt sich damit, dass der Titel *Die Wahrheit ist konkret* erst für die Buchveröffentlichung gewählt wurde. Und das war 1968, also zu einer Zeit, als Sölle politisch konkreter geworden war.

Der frühste in der Beitragssammlung veröffentlichte Text stammt von 1960. Es ist nach *Dekomposition* und der 1959, fünf Jahre nach Abschluss, endlich veröffentlichten Dissertation der dritte Text von Sölle, der mir bekannt ist. Er trägt die Überschrift *Oder sollen wir auf einen anderen warten?* Aus dem Kontext ergibt sich, dass dieser Text wohl auf einen Radiobeitrag zum Thema Advent zurückgeht. Denn das ist Sölles Aufhänger, um dann über die Bedeutung des Wartens zu sprechen. Das Motiv des Wartens kommt auch in dem sie schlagartig bekannt machenden Referat auf dem Kirchentag 1965 vor und es erinnert mich sofort an Sigfried Kracauer berühmten Aufsatz *Die Wartenden* von 1922. Hier beschreibt Krakauer eine kirchenunabhängige, liberale Religiosität. Sicher kannte Sölle, die sehr belesen war, diesen Krakauertext. Und so ist es auch kein Zufall, dass ihre Wartenden denen Kracauer ähneln. In beiden Fällen ist das Warten eine Chiffre für den Zustand einer, in meinen Worten, religiösen Unzufriedenheit. Krakauer schreibt über seine Wartenden, sie seien „eine große Anzahl von Menschen, die, ohne voneinander zu wissen, doch alle durch ein gemeinsames Los verbunden sind". Dieses Los ist, dass sie aus „der religiösen Sphäre" ausgestoßen worden seien. In Sölles frühem Radiotext wird das Warten zu einem geradezu religiösen Akt, wobei man Kracauer Text auch in dieser Weise deuten könnte.

Warten im christlichen Sinne bedeutet für Sölle „bildaufstellendes und auf Bilder verzichtendes Hoffen". Diese so extrahiert recht kryptisch klingende Formulierung meint schlicht, dass das Christentum keine konkrete bessere Zukunft ausmalen kann, dass es aber christlich ist, auf eine solche Zukunft zu setzen. Warten in Sölles Sinne bedeutet also gerade nicht untätig zu sein, sondern trotz der Unsicherheit der Zukunftsvision auf eine bessere Zukunft zu setzen. Was genau das politisch heißen könnte, sagt Sölle hier nicht. Die Texte sind, wie gesagt, noch politisch unkonkret. Es wird aber deutlich, dass hier ihr existentialistisches Lebensverständnis, das sie in dem Aufsatz sechs Jahre zuvor anhand der modernen Kunst beschrieben hatte, wiederkehrt oder immer noch vorhanden ist. Das Warten ist ein Existential, das auf eine Struktur des Lebens hindeutet, die wir Menschen, wenn wir unser Leben bewusst wahrnehmen und nicht im Heideggerschen *Man* versinken, als religiöse Grundierung erkennen. Anders gesagt: Menschen müssen immer warten. Das ergibt sich schon daraus, dass unser Leben immer auf die Zukunft ausgerichtet ist. Egal, was ich tue oder denke, meine Handlungen und meine Gedanken sind immer auch eine Vorbereitung auf das, was noch kommt. Dabei haben diese Zukunftsvorbereitungen aber stets den Charakter von Hoffnung, denn ob die Zukunft wirklich so wird, wie ich in meiner Vorbereitung annehme, ist ungewiss. Genau dieser Zustand, der von Sölle in guter existenzphilosophisch-existentialistischer Tradition als allgemeinmenschlicher beschrieben wird, ist für sie auch die Grundsituation des christlichen Glaubens. Sie schreibt: „Dies [das bildaufstellende und auf Bilder verzichtende Warten, KS] gelingt ausschließlich dem, der sich an den Vorschuß Gottes, an sein: Ich bin schon da, ich bin bei dir! hält." Diese Beschreibung des christlichen Lebens ist wie eine Selbstbeschreibung Sölles.

Wer Sölles Text liest, kommt nicht darum herum, sich zu fragen, welche Rolle eigentlich das Christliche oder noch allgemeiner das Religiöse darin spielt. Sie war ein wirklich frommer Mensch. Das erzählen alle, die sie persönlich kannten, und das lässt sich auch an vielen Stellen in ihren Selbstbeschreibungen finden. Diese Frömmigkeit zeigte sich etwa darin, dass sie sonntags, immer wenn es möglich war, in den Gottesdienst ging. Sie zeigte sich aber auch daran, dass sie betete und das Beten versuchte weiterzugeben. Über das politische Nachtgebet, das sie mit einer Gruppe zusammen ab 1968 veranstaltete, wird erzählt, dass gerade Sölle es war, die darauf beharrte, dass hier nicht nur politische Aktion, sondern auch Gebet stattfindet. Ihre persönliche Frömmigkeit steht außer Zweifel. Aber sie steht in ihren Texten, zumal den späteren, klar für ein politisches Programm, das oft unzusammenhängend aus Analysen und politischen Imperativen besteht. Was hat das Ganze mit Religion zu tun? Das ist eine Frage, die Sölles Selbstverständnis völlig verfehlt. Für sie wäre es eher umgekehrt: Was hat Unpolitisches mit Religion zu tun? So hätte sie später wohl gefragt, auch wenn sie das in den frühen 1960er Jahren, um die es hier geht, noch nicht so klar formulieren konnte. Aber das Selbstverständnis ist das eine. Etwas anderes ist die Frage, ob dieses Selbstverständnis auch von außen einleuchtet. Hier gibt das Zitat aus dem frühen Radiotext einen Hinweis, um den systematischen Hintergrund ihres Denkens zu verstehen. Die Pointe des Textes über das Warten ist, dass christliche Religiosität darin besteht, auf etwas zu hoffen, das dem Glauben zufolge zwar schon angebrochen, aber noch nicht allgemein-sichtbar ist: das Reich Gottes. Dieses Warten ist also ein Ankerauswerfen in unbekanntes Gewässer, ein Vertrauen auf etwas, das unbekannt ist, oder, um es mit diesem berühmten Ausdruck Kierkegaards zu sagen, ein Sprung ins Ungewisse. Eine von Dorothee Sölles ältesten Freundinnen, die Lehrerin Margot Zmarzlik, schrieb in ihren Erinnerungen an die Freundschaft zu Sölle einmal:

„Allerdings hat Dorothee eben auch intensiver als wir anderen zeitbedingt wechselnde Phasen durchlebt. 1945 führte unsere Furcht, mit der totalen Niederlage alles zu verlieren, was uns lieb und teuer war – die deutsche Sprache, deutsche Dichtung, deutsche Musik –, bei ihr zu einer ausgesprochen nationalen Phase. In einem Brief an den entschiedenen NS-Gegner Ernst Wiechert verteidigte sie die gläubige Hitler-Jugend und erhob Deutschland gleichsam aus dem Nazisumpf zum Mythos. Durch die Begegnung mit der Philosophie von Heidegger und Sartre wurde sie dann zur Existenzialistin. Das Gefühl, im Nichts zu leben, blieb lange bestimmend und hat zu Verzweiflung und schließlich zu der Entscheidung geführt, den Sprung in den Glauben zu wagen."

Es ist genau dieses Springen in den Glauben, das sich in diesem frühen Radiotext Sölles findet. Es gibt uns einen Anhaltspunkt, um die oftmals schwer verständliche Zusammenstellung von Religion und Politik bei Sölle zu begreifen. Nachdem der Sprung einmal gemacht ist, ist die Springerin im freien Flug. Es gibt kein Zurück mehr. Alles, was dann noch kommt, erschließt sich nur noch im Vorbeifliegen. Doch ist dieses Vorbeifliegen kein Zustand der Verzweiflung, als wäre es ein Sprung aus dem Fenster nach unten in Richtung Asphalt. Es ist vielmehr ein Zustand des Glücks, als wäre es ein Sprung nach oben – in die Weite des Himmels, dorthin, von wo sich aus der Vogelperspektive erst ein Panorama der Welt und ihrer Bewohner und Bewohnerinnen erschließt –, der es erlaubt, ein Urteil abzugeben. Die Gefahr, dass die eigene Vogelperspektive mit der Perspektive Gottes verwechselt wird, ist dabei virulent. Und Sölle ist dieser Gefahr oft nicht entgangen.

IV.

Neben ihrer Tätigkeit beim Radio hat Sölle in den frühen 1960er Jahren bald wieder angefangen, schriftlich zu publizieren. Es finden sich aus dieser Zeit einige Aufsätze für die *Zeitschrift für Pastoraltheologie.* Diese Zeitschrift war eine Fachzeitschrift. Die hier veröffentlichten Texte wurden also nur sehr begrenzt wahrgenommen. Überhaupt fällt bei einem Blick in diese Zeitschrift auf, dass dort noch im Geiste der Vergangenheit geschrieben wurde. Das zeigt schon das Äußere. Die Zeitschrift wurde auch 1963, als Sölle über ihren Lehrer Friedrich Gogarten schrieb, komplett in Frakturschrift gedruckt. Dass Sölle hier überhaupt publizierte, weist wohl darauf hin, dass sie damals noch auf der Suche nach geeigneten Publikationsorten für ihre Gedanken war. Noch war sie nicht berühmt, noch war es nicht leicht für sie, an prominenter Stelle gedruckt zu werden. Eine Ausnahme bildet ein kurzer Text, den Sölle 1961 für die damals bekannte Kulturzeitschrift *Magnum* schrieb. Dieser Text war offensichtlich eine Art Auftragstext. Die Ausgabe 36 des Magazins *Magnum,* in der Sölles Text erschien, hatte das Thema *Tabu.* Sölles Text, der inhaltlich nichts Bahnbrechendes bietet, behandelte das Thema *Tabu und Protestantismus.* Es folgt im Heft direkt danach ein Stück des linkskatholischen Publizisten Friedrich Heer mit der Überschrift *Tabus im Katholizismus.* Ein neues Kapitel ihrer publizistischen Tätigkeit bedeutet sicherlich die erste Veröffentlichung für die Zeitschrift *Merkur.* Hier schrieb sie 1964 zunächst eine Rezension und dann in der Ausgabe 201 vom November 1964 einen längeren Aufsatz mit dem Titel *Theologie nach dem Tode Gottes.*

Als dieser Aufsatz erschien, hatte sie das Manuskript ihres Buches *Stellvertretung. Ein Kapitel Theologie nach dem Tode Gottes* bereits abgeschlossen und bemühte sich um einen Verlag. Der Aufsatz wurde breit wahrgenommen und war, auch aufgrund seiner überzogenen Überschrift, Ausgangspunkt für viele Diskussionen. Die Überschrift war deswegen überzogen, weil es im Text überhaupt nicht um einen vermeintlichen „Tod Gottes" geht, sondern vielmehr und viel weniger aufregend um die in der protestantischen Theologie seit mindestens 200 Jahren virulente Frage einer nachtheistischen Theologie. Wie kann ich Theologie betreiben, wenn ich doch weiß, dass es einen Gott im Sinne eines personalen Gegenübers des Menschen, oder polemisch ausgedrückt, im Sinne des alten Mannes im Himmel nicht gibt? Das war ihre Frage und das war seit der Aufklärung die Frage der protestantischen Theologie. Aber was die Theologie schon lange wusste und schon lange durchdachte, war auch 1964 noch lange nicht in Kirche und Gemeinde angekommen. Vielleicht muss es das auch nicht? Sölle jedenfalls war der Meinung, dass es dafür höchste Zeit sei, und überspitzte ihre These deswegen gewaltig. Der erhoffte Erfolg stellte sich ein. Sie wurde berühmt und gehasst und, damals erst teilweise, auch geliebt. Wie sehr sie selbst damals noch nicht von ihrem Erfolg überzeugt war und wie unsicher und auf der Suche nach einem Weg für sich sie damals noch war, zeigt, dass sie ursprünglich vorhatte, ihr Buch *Stellvertretung* im Göttinger Verlag Vandenhoeck & Ruprecht zu veröffentlichen. Diesen traditionsreichen Verlag gibt es seit 2021 nur noch als Imprint von

Brill Deutschland. Aber auch vor Kurzem noch, wo die meisten theologischen Kämpfe heute doch ausgekämpft scheinen, war dieser Verlag eher für die im theologischen Sinn konservativen, kirchennahen Publikationen im Bereich der Theologie bekannt. Ein echter Liberaler hätte sein Buch dort nicht veröffentlicht. Aber das war Sölle natürlich auch nicht – eine liberale Theologin im Sinne einer an Schleiermacher anschließenden Kulturtheologie. Das, was sie war, gab es damals noch nicht als feste Gruppe, es entstand gleichzeitig mit ihrem publizistischen Erwachsenwerden. Sie war eine Links-Protestantin, wenn sie auch in diese Schublade nicht völlig hineinpasste. Denn die politische Affinität zum linken Spektrum ging und geht bis heute oftmals mit einem theologischen Konservativismus einher. Sölles Plädoyer für eine Theologie nach dem Tode Gottes allerdings war natürlich nicht theologisch konservativ. Es gab damals, 1964, also nicht den Ort, an dem theologische Schriften wie ihre veröffentlicht wurden.

Vandenhoeck & Ruprecht erteilte ihr eine Absage. Arndt Ruprecht, seit 1958 in fünfter Generation verantwortlich für das Göttinger Traditionshaus, schickte Sölle am 16.12.1964 eine schriftliche Absage. Darin schreibt Ruprecht nach einigen freundlichen Bemerkungen und Dank für einen Besuch, den Sölle dem Göttinger Verlag offensichtlich in der Absicht, ihr Manuskript dort zur Veröffentlichung zu bringen, abgestattet hatte: „Der ansprechende Stil und die Treffsicherheit vieler Ihrer Charakterisierungen haben mir sehr gefallen, und vor allem habe ich großen Respekt vor dem Mut und der Konsequenz der Gedanken, die Sie hier entwickeln und als neue Theologie für notwendig halten. Ich kann jedoch den Gedanken vom Tode Gottes als

Ausgangspunkt einer Theologie und die Weise, atheistisch an Gott zu glauben, nicht mitvollziehen und so mitverantworten, wie es ein Verleger einer für weitere Verbreitung bestimmten Schrift tun sollte."

Diese Absage zeigt deutlich, dass Arndt Ruprecht die theologische, oder vielleicht müsste ich eher sagen, kirchenpolitische Sprengkraft von Sölles Schrift erkannte. Da sich der Brief Arndt Ruprechts mit einem Brief Sölles überschnitt, in welchem sie ihm das nun offensichtlich fertiggestellte Manuskript zusandte, schickte Ruprecht nur einen Tag später am 17.12.1964 einen zweiten Brief hinterher. Darin schreibt er:

„Nun habe ich diesen dritten Teil sofort gelesen und bin ganz ähnlich wie von den ersten beiden Teilen und von Ihrem Aufsatz beeindruckt. Ja, wenn das Manuskript etwa ab Seite 85 eine andere Wendung nähme [...] aber so, wie Sie es konzipiert haben und von Ihrem Ausgangspunkt her vielleicht auch anlegen mußten, kann es meinen Grundeinwand nicht beseitigen und weckt zudem noch einige andere Fragen bei mir: Wie Gott in die Welt vermittelt und zugleich abwesend sein kann, wer bzw. was Christus nach seiner Auferstehung ist, u. a."

Neben dem Suchen Sölles nach einem Verlag, das zu diesem Zeitpunkt ihres Werdegangs auch ein Suchen nach einem richtigen Weg für sie selbst war, zeigen diese Briefe, wie anders die theologische Welt damals war. Wer schon einmal mit einem der wenigen theologischen Verlage, die noch übriggeblieben sind, zu tun hatte, wird sich die Augen reiben, wenn er oder sie liest, wie genau Ruprecht sich hier mit dem Manuskript Sölles auseinandersetzt. Theologische Bücher hatten damals einen großen Markt und wurden wahrgenommen. Heute erscheinen in Verlagen wie Vandenhoeck und Ruprecht, so viele Bücher, dass erstens niemand mehr einen Überblick darüber hat und zweitens niemand im Verlag die Zeit, sich so intensiv mit den einzelnen Manuskripten zu beschäftigen. Diese Inflation der Neuerscheinungen geht einher mit einem erodierenden Markt, was das Versinken in der Bedeutungslosigkeit der meisten der erscheinenden Bücher noch beschleunigt. Kaum gedruckt, schon vergessen.

Bei Vandenhoeck und Ruprecht würde ihr Buch also nicht erscheinen. Das war Sölle spätestens im Dezember 1964 klar. Sölle allerdings hatte auch damals schon ein Gespür für die große Bühne. Sie wollte für ihren Text einen guten Verlag finden, der es vermochte, ihn groß herauszubringen. So hatte sie wohl zeitgleich zu den Gesprächen mit dem Göttinger Verlag oder zumindest sofort nach der Absage von dort auch Kontakt zum Suhrkamp Verlag aufgenommen. Aus Frankfurt allerdings kam leider auch keine ermunternde Nachricht. Der für das wissenschaftliche Programm zuständige Lektor, Karl Markus Michel, selbst Kind von Missionaren und dadurch mit theologischen Fragen nicht unvertraut, schrieb ihr am 8. Januar 1965:

„Ich kenne Ihren Aufsatz im Merkur, dessen kritische Position mir sehr einleuchtet und der mir für manche Zusammenhänge überhaupt erst die Augen geöffnet hat. Ich kann allerdings nicht verheimlichen, daß ich schließlich doch wieder den Eindruck hatte, die Augen würden mir verbunden, dann nämlich, wenn Sie das Konzept einer Theologie nach dem Tode Gottes entwerfen. Und damit komme ich zu der uns gestellten Gretchen-Frage: wie wir's mit der Theologie haben. Ich kann nicht für den Verlag als solchen antworten, sondern nur für mich persönlich: gar nicht. Was nicht heißen soll, daß ich mich nicht lebhaft für theologische Diskussionen interessiere. Was mich zu meiner Bemerkung über die ‚verbundenen Augen' führte, war einfach die Tatsache, daß ich mit dem Begriff ‚Gott' nach der Toterklärung des Prinzips oder der Substanz ‚Gott' wenig anzufangen weiß, falls ich es so plump formulieren darf. Ich wünschte mir, daß gerade in diesem Punkt nicht einfach auf latente idola fori (sei es auch in ganz anderer Absicht) angespielt würde. Worauf es meiner ungläubigen Meinung nach ankäme, wäre vielmehr eine entschiedene Neubestimmung des Gott-Begriffes – grob gesagt: nicht nur nach Hegel und Nietzsche, sondern auch nach Auschwitz und Hiroshima. Vielleicht enthält Ihr Manuskript alles das. Ich zögere nicht, Ihnen zu gestehen, daß ich es sehr gerne lesen würde, neugierig gemacht durch Ihren Aufsatz im Merkur. Ich kann Ihnen andererseits allerdings kaum Hoffnungen machen auf eine Publikation im Suhrkamp Verlag. Wenn Sie uns diese Arbeit gleichwohl schicken wollen, freue ich mich sehr."

Das war noch keine handfeste Absage und Sölle gab noch nicht auf. Sie schickte das Manuskript und erhielt am 16. Februar 1965 erneut Post aus Frankfurt. Wieder schrieb ihr Michel einen sehr freundlichen Brief, leider blieb es bei der schon angedeuteten Absage. Michels Brief ist jedoch interessant, weil er anders als Arndt Ruprecht keine Vorbehalte gegen die Absage an den Theismus hat, sondern im Gegenteil die Auseinandersetzung mit der Religion noch zu milde findet. Michel schrieb:

„Sie haben recht, ‚man muß ihm helfen'. Ich persönlich wäre auch zu jeder Hilfeleistung bereit, wenn sie nicht zugleich seinen Sohn mit einschlösse – da bleibe ich hart. Nun kommt es aber weniger auf mich als auf das Suhrkamp-Programm an. (Es ist schrecklich, wenn man immer zweispurig denken muß, doch in diesem Fall laufen die Spuren ziemlich genau parallel. Nur leugne ich das Unendliche, weil ich nicht mag, daß sie irgendeinmal zusammenfallen). Einem unserer Bücher, der Untersuchung von Klaus Heinrich über die Schwierigkeit nein zu sagen, ist es kürzlich passiert, daß es gegen unsere anderen Bücher ausgespielt wurde, und mit Triumph. Das braucht uns nicht zu stören und stört uns auch nicht, zumal da wir selbst eine andere Vorstellung von diesem Buch haben. Aber stören könnte es uns doch, wenn wir nun ein Buch publizierten, das wir zwar interessant und wichtig finden, hinter das wir uns aber nicht so zu stellen vermögen, wie es bei einem derartigen Werk (im Gegensatz zu weniger belasteten Arbeiten) geboten wäre. Wir sind halt ein ‚ideologischer' Verlag, das ist lustig und lästig."

Ich finde es nicht leicht, den unterschwellig ironischen Ton Michels richtig einzuschätzen. Seine Bemerkung im ersten Satz, dass man ihm helfen müsse, bezieht sich auf Sölles Idee, dass Gott die Hilfe der Menschen brauche. Später ist der Satz bekannt geworden, dass Gott keine anderen Hände habe als die unseren. Diesem, wenn man so will, politischen Satz, dass es nämlich der Mitarbeit der Menschen bedarf, die Welt nach sozialeren Kriterien umzubauen, dem kann Michel zustimmen. Was ihm hingegen nicht passt, ist die christologische Pointe, die Sölles Buch hat. Das drückt er mit der Anmerkung auf die Hilfeleistung auch für Gottes Sohn aus.

Die eigentliche Begründung jedoch ist – wie auch bei Vandenhoeck & Ruprecht –, dass der Verlag sich einfach nicht genug für das Buch und dessen Zielrichtung einsetzen könne. Das Buch von Sölle erschien dann noch im selben Jahr im Stuttgarter Kreuz Verlag. Dort erschienen später viele ihrer Bücher.

V.

Das Jahr 1965 brachte aber noch von einer anderen Seite her Aufregung in Sölles Leben. In diesem Jahr hielt sie auf dem Kirchentag in ihrer Heimatstadt Köln einen Vortrag zur Kirchenreform. Dieser schlug hohe Wellen. Wieder ist es so, dass es von heute aus gesehen beinahe komisch erscheint, dass die von Sölle vorgetragenen Thesen irgendjemanden aufgeschreckt haben könnten, ja geradezu als skandalös empfunden wurden. Sie sagt dort nicht viel mehr, als auch schon im Titel steckt: *Kirche ist auch außerhalb der Kirche*. Jesus Christus, so schreibt sie sinngemäß, sei überall dort anwesend, wo sich Menschen über die Sinnlosigkeit des eigenen Lebens hinwegsetzen, sich einander in Nächstenliebe zuwenden oder gar nur im Zustand des Wartens einfach nicht hinnehmen wollen, dass das *Nichts* das Einzige sei, das ihnen bevorsteht. Auch hier kommt noch deutlich die existenzphilosophisch-existentialistische Prägung von Heidegger und Sartre durch. Und gleichzeitig zeigt sich durch den Verweis des Einanderzuwendens auch schon ein zarter Hinweis auf die Richtung, in die ihr Denken sich entwickeln würde. Und, wir erinnern uns: Auch das Warten kam als Motiv schon in früheren Sölle-Texten vor.

Der Vortrag jedenfalls schlug ein. Mit einem Mal war sie auch über einen kleinen Kreis hinaus bekannt. Die Erregungskurve des Diskurses ging steil nach oben. Ohnehin gab es innerhalb der protestantischen Christen damals eine Auseinandersetzung um die Theologie Rudolf Bultmanns. „Konservative" und „Liberale" standen sich gegenüber. Obwohl diese Begriffe, wenn wir sie einfach mit unserem heutigen Verständnis füllen, völlig in die Irre führen. Es ließe sich auch sagen, es standen sich „Pietisten" oder „Fundamentalisten" und „Bultmann" gegenüber. Vordergründig ging es in dieser Auseinandersetzung um Bultmanns Programm einer Entmythologisierung der Bibel. Die, wieder aus heutiger Sicht, völlig unaufregende These dieses Programms war, dass die Bibel nicht wörtlich zu nehmen sei, sondern gegenwartsbezogen auf ihre das eigene Leben verändernde Aussage hin ausgelegt werden sollte. Bultmann stand damit, zumindest was diesen Teil seiner Theorie anbelangt, ganz in der Tradition der historisch-kritischen Bibelauslegung. Diese war eine Errungenschaft der Aufklärung und damit in etwa genauso (nicht) neu, wie Sölles Idee einer nachtheistischen Theologie.

Die Feinde Bultmanns, die nun auch die Feinde Sölles wurden, projizierten also sehr viel generelle Ablehnung der Gegenwart in die Gegnerschaft zum Denken dieser beiden. Es ist bezeichnend für diese Zeit, dass sich kurz nach dem Kölner Kirchentag die sogenannte „Bekenntnisbewegung kein anderes Evangelium" gründete. Der Name ist eine Reminiszenz an den christlichen Widerstand während der Zeit des Nationalsozialismus. Wie man sieht, wurden hier verbal große Geschütze aufgefahren und keine der Seiten wurde müde zu betonen, dass es auch hier um nicht weniger als alles ging. Die Gründung dieser Bewegung wird tatsächlich immer wieder in Zusammenhang mit Sölles Kölner Vortrag gebracht, der bis heute als Implementierung einer „Gott-ist-tot-Theologie" ins kollektive Gedächtnis pietistischer Kreise eingeschrieben ist. Wobei diese Richtung innerhalb der akademischen Theologie nie eine wirkliche Rolle gespielt hat.

Dabei kommt diese These weder inhaltlich noch wörtlich in Sölles Rede vor. Dazu ließe sich eher auf den Merkur-Aufsatz oder Sölles Buch *Stellvertretung* verweisen. Doch solche Feinheiten spielten bei der öffentlichen Auseinandersetzung, die nun ausbrach, eine geringe Rolle. Sölle war in Theologenkreisen mit einem Schlag *das* Gesprächsthema. Anhand der Diskussion über sie wurden alle möglichen sowieso vorhandenen Streitthemen ausgefochten. Der Mainzer Theologieprofessor Manfred Mezger (1911–1996) etwa schrieb einen Brief an Otto Dibelius (1880–1967). Darin verteidigt Mezger Sölle und ihre Thesen vehement. Dibelius war nicht irgendwer. Er war von 1949 bis 1961 Ratsvorsitzender der Evangelischen Kirche in Deutschland und gleichzeitig und noch ein paar Jahre länger, bis 1966, Bischof der Evangelischen Kirche Berlin-Brandenburg – also wohl der mächtigste evangelische Kirchenfunktionär der Nachkriegszeit. Mezgers Brief ist durchzogen von einer offensichtlich nicht neuen Abneigung gegen die Amtskirche und ihre Kirchenfürsten – wie er schreibt.

Sölle hatte also alle Aufmerksamkeit auf ihrer Seite. Doch nicht nur beruflich, sondern auch privat spielte der Kölner Kirchentagsvortrag eine wichtige Rolle in ihrem Leben. 1965 war sie bereits von ihrem ersten Mann Dietrich Sölle getrennt. In ihren Erinnerungen *Gegenwind* von 1995 schrieb sie rückblickend, sie habe mit ihrem Buch *Stellvertretung* keinen Zweck innerhalb einer Karriere verfolgt, sondern sie habe es geschrieben, um sich über sich selbst klar zu werden. Es seien die dunklen Jahre nach der Trennung von ihrem Mann Dietrich gewesen. Sölle musste in dieser Zeit der Krise einen gangbaren Weg für sich als Theologin finden. So setzte Sölle selbst in ihren Lebenserinnerungen dieses erste Buch, das zwar mit wenig Karriereambitionen geschrieben worden sein mag, das aber, wie wir nun wissen, von ihr doch ambitioniert vermarktet wurde, in einen Zusammenhang zu ihrem emotionalen Leben. Doch nicht nur für die Beziehung zu ihrem ersten Mann spielte das Jahr 1965, in dem beide sich nach Renate Wind endgültig trennten, eine wichtige Rolle.

Fulbert Steffensky, den ich für dieses Buch in Luzern besucht habe, wo er heute mit seiner Lebensgefährtin wohnt, berichtete mir, dass er Sölle durch den Vortrag auf dem Kirchentag 1965 kennengelernt habe. Steffensky war damals noch Benediktinermönch im Kloster Maria Laach. Dort wurde während der Mahlzeiten geschwiegen. Dafür wurde laut vorgelesen. Sölles noch im selben Jahr veröffentlichter Kirchentags-Vortrag war eines der Vorlesestücke und Steffensky horchte auf und merkte sich den Namen der Verfasserin. Renate Wind erzählt in ihrem Buch, dass Steffensky Sölle schon ein Jahr später, 1966, auf eine Konferenz nach Jerusalem eingeladen hat. Dort lernten sie sich besser kennen und verloren sich im Anschluss nicht mehr aus dem Auge. Im Jahr 1969 heiratete Sölle ein zweites Mal, nämlich Fulbert Steffensky. Diese Ehe wird halten. Erst der Tod konnte sie scheiden.

VI.

Sölles Buch *Stellvertretung* ist aus vielerlei Gründen eines ihrer wichtigsten Bücher. Nicht nur, weil es ihr erstes Buch war (die Veröffentlichung der Dissertation einmal außen vor). Es ist auch inhaltlich wegweisend für ihren weiteren Weg. Und es erschien zu genau dem richtigen Zeitpunkt, als sie gerade durch ihre Merkur-Aufsätze und den Kirchentags-Vortrag bekannt geworden war. So war dem Buch von Anfang an eine hohe Aufmerksamkeit sicher. Der Kreuz Verlag aus Stuttgart, der das Buch schließlich herausbrachte, nachdem es von Vandenhoeck & Ruprecht und dem Suhrkamp Verlag abgelehnt worden war, musste eilig nachdrucken. Im Jahr 1968, was wiederum ein Schicksalsjahr für Sölle war, erschien bereits die 5. Auflage.

Dass ein solches Buch in so großer Stückzahl verkauft wurde, lässt mich als heutigen Theologen, Sölle-Leser und Analyst ihres Denkweges staunen. Es ist eine knapp 200 Seiten lange theologische Abhandlung darüber, ob und, wenn ja, warum es gut und richtig sein soll zu glauben, obwohl man weiß, dass es keinen Gott gibt. Die Thesen sind viel weniger außergewöhnlich oder gar skandalös als man meinen könnte, wenn man nur der zeitgenössischen Diskussion folgt. Vielmehr steht sie damit in der Tradition aller klugen protestantischen Theologen seit der Aufklärung. Dieses Buch, das definitiv alle Kriterien einer „harten Kost" erfüllt, hat sich viele 10.000 Mal verkauft und wurde bis in die 1990er Jahre immer wieder neu aufgelegt. Das ist etwas, was heute geradezu undenkbar wäre. Zwar gibt es auch heute noch Bestseller, die sich mit theologischen Themen beschäftigen, aber diese sind doch von anderer Natur. Ich denke beispielsweise an Jörg Lausters *Kulturgeschichte des Christentums*. Ein großartiges Buch, keine Frage, aber eben doch eher keines, das aufrüttelt (und das soll es wohl auch nicht). Sölles Bücher aber hatten diese Fähigkeit. Sie wurden geradezu verschlungen, lösten Debatten aus.

Der enorme Erfolg von *Stellvertretung* ließe sich vielleicht noch als Zufall abtun, aber das war er nicht. Sölle verkaufte bis an ihr Lebensende viele 100.000 Bücher und das nicht nur in deutscher Sprache. Besonders in den Niederlanden, aber auch in Finnland, im englischsprachigen Raum und in Lateinamerika wurde sie gelesen und wird es, zumindest zum Teil, auch heute noch. Das lässt sich sagen, da es derzeit Überlegungen zu einer Übersetzung eines ihrer Bücher ins Spanische gibt und auch ihr Buch *Mystik und Widerstand* vielleicht in China übersetzt werden soll.

Die ersten Sätze von *Stellvertretung* lauten: „Dieses Buch geht von der Frage aus, wie ein Mensch mit sich selber identisch werden könne, und es versucht, sie in Beziehung zu setzen zu der anderen, was Christus für unser Leben bedeute." Und weiter: „Wer bin ich? Wie komme ich zu mir selber? Wie lebe ich so, daß ich es bin, der dieses mein Leben lebt? Wie erlange ich Identität?" In diesen Sätzen steckt immer noch das existentialistische Interesse an den Möglichkeiten des eigenen Seins. Und gleichzeitig fällt uns hier vielleicht etwas auf, wenn wir das Buch in den Kontext seiner Entstehung setzen? Sölle suchte den richtigen Weg für sich, beruflich wie auch theologisch. Die Frage nach dem Sinn von Sein, wie es Heidegger im Prolog zu seinem Hauptwerk *Sein und Zeit* nennt, stellte sich Sölle hier nicht nur allgemein, als Frage ihrer intellektuellen Lebenstätigkeit. Sie stellte sich ihr auch ganz konkret als Frage ihres eigenen Lebensweges. „Die Wahrheit ist konkret" – dieses ihr durch Brecht vermittelte Lenin-Zitat durchzieht Sölles Werk. Hier nun könnte es aber auch heißen: Der Sinn ist konkret. Das wäre eigentlich auch die konsequente Weiterentwicklung ihrer post-theistischen, spätmodernen Theologie: weg von der Wahrheit hin zum Sinn.

Aber diesen Weg geht Sölle nicht, denn die Rede vom Sinn macht die Sache nur komplizierter und abstrakter, auch wenn es um konkreten Sinn geht. Und das möchte Sölle nicht. Sie will, vor allem ab den 1970er Jahren, einfache, konkrete Aussagen, die zu einfachen, konkreten Handlungen führen können. Aber hier, 1965, ist sie noch auf der Suche und hat diesen Weg der einfachen Handlungen oder auch der ethischen Reduktion von komplexen Problemen noch nicht eingeschlagen. Es geht ihr in *Stellvertretung* vielmehr um einen Sinn als um eine Wahrheit. Es geht ihr um ihren Lebenssinn und damit, gut selbstbezogen, schriftsteller-like, um den Sinn der Welt. Sölle hat, im Gefolge des schon erwähnten Kierkegaardschen Sprungs in den Glauben, ihren Weg als christlichen Weg entdeckt. Und so kann sie hier in der Einleitung von *Stellvertretung* auch schreiben: „Die Theologie belehrt uns, daß nur derjenige sagen könne, wer er selber sei, der erfahren habe, wer Christus sei."

Der Mensch wird beschrieben als ein Identitätssuchender. Und das Christentum wird beschrieben als ein Identitätsstiftendes. Dass es hierbei um Erfahrung geht, nämlich die Erfahrung, die eigene Identität durch Christus gestiftet bekommen zu haben, macht Sölle deutlich. Dass es dabei um Erfahrung geht, die Sölle selbst gemacht hat, scheint nur unterschwellig durch, oder kann nur heute im Rückblick von uns erkannt werden. Sie nimmt hier, vorsichtiger als in anderen Texten, die christliche Erfahrung jedenfalls als möglichen, aber nicht einzigen Weg zur Identität, indem sie schreibt: „Und ob es tatsächlich die Erfahrung Christi ist, die uns zur eigenen Identität verhilft, das kann nicht erwiesen, dem kann aber sehr wohl nachgedacht werden. Theologie in diesem Sinne ist nachdenkende Beschreibung bestimmter Erfahrungen."

Dieser letzte Satz könnte geradezu als Programm für ihr gesamtes Werk herhalten. Wenn das Theologie ist, war sie eine wahrlich theologische Autorin. Aber er stimmt eben auch für *Stellvertretung*, denn die Erfahrung, die hier beschrieben wird, ist die vom Alleinsein (von der Vereinzelung in der Sprache der Existenzphilosophie). Der Mensch ist allein in seiner Existenz. Es gibt keinen Gott, der als Lückenbüßer für all das zuständig ist, das die Menschen nicht selbst schaffen. Einen solchen Gott, den es gibt, gibt es nicht – wie es schon Bonhoeffer gesagt hatte. Sölles Können und ihre Hybris zugleich ist es nun, diese persönliche Erfahrung, ihr Alleinsein, das Wegbrechen der Gewissheiten, das durch die persönliche Lebenskrise im Zuge der Trennung von ihrem Mann mit größter Gewalt hervorgebrochen war, so zu beschreiben, dass aus dem persönlichen Thema ein gesellschaftliches wird. Das ist die schriftstellerische Leistung Sölles in diesem Buch. Damit ist es von Beginn an, trotz der abstrakten Thematik, lebensnah. Denn es geht um die Unterscheidung von Stellvertretung und Ersetzbarkeit und damit um die hohen Höhen der Theorie. Geerdet wird es von Beginn an durch die schon in der Einleitung hervorbrechende existentielle Tiefe, die die „Erfahrung vom Ende einer objektiven, allgemeinen oder auch subjektiven, privaten, jedenfalls aber unmittelbaren Gewißheit" in Sölles Leben selbst hat. Der *Tod Gottes* steht hier also nicht nur für den allgemeinmenschlichen Verlust an transzendenter Lebensbegleitung, sondern auch ganz speziell für das Fehlen eines Lebensplans in Sölles Dasein.

Sölles Buch ist wie viele ihrer Publikationen von einem kulturpessimistischen Grundton getragen. Damit ist sie nicht allein. Es ist beinahe unmöglich, in einer sich der Religion entfremdenden Gesellschaft über Religion zu schreiben, ohne in ein Früher-war-es-besser zu geraten. Das sieht man auch bei Sölle. Ihr erster Teil wird von ihr selbst als Vorverständnis bezeichnet. Hier will sie darlegen, auf welcher Grundlage sie selbst über die Möglichkeit der menschlichen Identitätsfindung nachdenkt. Als Gesprächspartner gibt sie einerseits die idealistische Philosophie an – allen voran Hegel ist hier für sie wichtig. Der zweite Gesprächspartner wird von ihr als Positivismus bezeichnet. Hiermit meint sie eigentlich eine Art gegenwärtigen Zeitgeist, der ganz vom wirtschaftlichen Handeln des Menschen bestimmt ist. Beide Seiten stehen laut Sölle in einem Spannungsverhältnis. Während der Idealismus und im Gefolge dazu auch die Theologie Harnacks von einer unersetzlichen Seele des Menschen spreche, sei der Mensch im Denken von Sölles Gegenwart lediglich noch ein Teilchen im Getriebe unserer Wirtschaft und damit austauschbar.

Sölle sympathisiert eindeutig mit der ersten Sichtweise, kann dieser aber nicht folgen. Das liegt daran, dass die Behauptung einer externen Garantie der Unersetzbarkeit des Menschen nicht ohne metaphysische Elemente auskomme. Diese aber lehnt Sölle ab. Das ist auch der Kern ihrer sogenannten „Tod-Gottes-Theologie". Weder für die Bestimmung Gottes noch des Menschen können für sie metaphysische Großtheorien in Anspruch genommen werden. Das führt letztlich dazu, dass es unmöglich wird, einen abstrakten, theoretischen Begriff Gottes und des Menschen zu bestimmen. Der Mensch ist nicht als unersetzlich zu bestimmen. Sie fragt: „Läßt sich das Bewußtsein vom ‚unendlichen Wert des Subjekts' auch nachmetaphysisch aufrechterhalten?" Sogar die Bedeutung des Wortes unersetzlich wird ihr fraglich, wenn es denn keinen Gott gibt, der sie garantieren kann. Der Mensch könne zwar träumen von der Unersetzlichkeit, aber dieser Traum gehe unter den Vorzeichen der Moderne nicht auf. So landet sie am Ende dieses ersten Abschnitts bei einem Widerspruch. Der Mensch sei zwar unersetzlich, aber als Teil dieser Welt wie alles andere auch austauschbar. Dies ist für die Bestimmung der eigenen Identität, die das Buch als thematische Klammer zusammenhält, ein Problem. Wie soll ich Identität erlangen, wenn das, wonach ich strebe, nämlich unersetzlich zu sein, nicht mehr Teil meines Lebensverständnisses sein kann? Wie kann ich anerkennen, dass ich austauschbar bin, ohne dass diese Anerkenntnis meine Identitätssuche verächtlich macht? Im Modell der Stellvertretung erblickt Sölle eine Lösung für dieses Problem.

Im zweiten Teil des Buches geht sie nun auf Grundlage dieser Problemkonstellation auf die Suche nach christlich-traditionellen Ideen, um dem Menschen trotz seiner unhaltbar gewordenen Unersetzlichkeit und seiner überdeutlich gewordenen Austauschbarkeit Identität zu stiften. Die Grundidee ist dabei, dass christliche Identität durch Christus entsteht, welcher wiederum mit der Tradition als der Stellvertreter zu verstehen ist. Doch wie ist diese Stellvertretung durch Christus zu verstehen? Sölle weist zuerst jegliches magische Verständnis dieses Gedankens von sich. Es geht Sölle nicht um eine magische Verwandlung der Personen, sondern ganz im Sinne des existentiellen Denkens um eine Umkehr der Existenzbestimmung. Das soll heißen, dass Christus dann zum Stellvertreter wird, wenn das eigene Sein als durch ihn vertreten verstanden wird. Dieser hermeneutische Zirkel lässt sich nicht auflösen und ist gewollt. Wie es möglich ist, in ihn einzusteigen, das sagt Sölle nicht. So bleibt ihr Buch letztlich an Menschen gerichtet, die schon im christlichen Glauben leben, aber zweifeln.

Diesen bietet sie nun Christus als den sterbenden Gott zum Finden der eigenen Identität an. Vier Merkmale sind hier besonders wichtig:

„Entgrenzung, Historizität, Freiwilligkeit und Leiden. An diesen sterbenden Gott kann sich jeder wenden. Er hat ein bestimmtes historisch verifizierbares Gesicht. Er hat sich freiwillig zu dem gemacht, als was er hier angesprochen wird, zum Stellvertreter. Dies tat er durch Leiden. Der Grund, der solcherart Stellvertretung ermöglicht, ist ihre Bindung an eine konkrete historische Person."

Sölle marschiert anschließend durch die Theologiegeschichte und sucht viele Autoren auf, die sich mit Stellvertretung auseinandergesetzt haben. Dieser theologiegeschichtliche Anmarschweg dient jedoch der Vorbereitung ihres letzten Teils, in dem sie ihre eigene Idee von Stellvertretung vorstellt.

Diese ist im Grundzug sehr leicht dargestellt: Für Sölle ist es der Christus-Glauben, der aus dem Menschen, den sie als unersetzlich, aber vertretbar beschrieben hatte, einen Menschen macht, der, obwohl vertretbar, einzigartig bleibt. Sie schreibt: „Wer tritt für mich ein, ohne mich ersetzen zu wollen? Wer tritt so für mich ein, daß ich weiterhin erwartet und nicht abgeschrieben werde?" Christus ist für sie die Antwort auf die Frage nach der Identität, die sie ganz zu Beginn des Buches gestellt hatte und nun zu Beginn des letzten Teils wieder stellt. Wie erlangt ein Mensch Identität, wenn es augenscheinlich ist, dass es keinen Gott gibt, der diese Identität verbürgen könnte und wenn es ebenso deutlich ist, dass auch die Gesellschaft nicht für diese Identität herhalten kann? Das war der gedankliche Ausgangspunkt, der hier nun auf eine christologische Pointe hin wieder aufgenommen wird. Doch wie lässt sich dieser „Sprung" verstehen? Wie kommt Christus hier überhaupt ins Spiel? Das wird nicht näher ausgeführt. Christus ist einfach da – und er ist der Stellvertreter. Punkt. Hier scheint Sölles individuelle Erfahrung, die in dem Zitat Renate Winds zu Beginn durchschien, im Hintergrund zu stehen. Sie ist gesprungen und nun ist Christus für sie der Weg.

Aber wie ereignet sich Stellvertretung? Wie ist das zu denken? Antworten auf diese höchst komplizierten Fragen bleibt Sölle in gewissem Sinne schuldig. Täte sie es nicht, gelänge ihr ein argumentatives Wunder. Denn wie soll ein vor 2000 Jahren gestorbener Mensch – Jesus – einen in der Jetztzeit lebenden Menschen „vertreten" können, wenn keine übernatürlichen Kräfte angenommen werden sollen? Stellvertretung soll, wie Sölle immer wieder betont, weder „magisch" noch „juristisch" verstanden werden. Aber wie dann? Es kann nur eine existentielle Stellvertretung gemeint sein. In dem Moment, in dem ich glaube, dass Christus in mir Gott vertritt, ereignet sich Stellvertretung. Mehr gibt es hier nicht zu erklären. Mehr ist nicht gemeint. Auch wenn Sölle anhand der Begriffe Identifikation, Vorläufigkeit und Abhängigkeit Stellvertretung näher zu beschreiben sucht, ist am Ende nur wichtig, dass ein Mensch sich entscheidet – wie auch immer es dazu kommt.

Sölles Antwort auf die Anfangsfragen „wer bin ich?" und „wie erlange ich Identität" war, dass ich ein unersetzlicher, aber vertretbarer Mensch bin. Doch das steht der eigenen Identität widersprüchlich gegenüber. Also braucht es, laut Sölle, den Stellvertreter, um aus einem unersetzlichen, aber vertretbaren Menschen, einen Menschen mit Identität zu machen. Denn, so die Idee Sölles, es muss jemanden geben, der für mich eintreten kann, wenn ich nicht mehr da bin, jemanden, der für mich für meine überzeitliche Bedeutung sorgt. Dieser jemand ist Christus, der gezeigt hat, dass Gott nicht der allmächtige, gerechte Weltenlenker und Weltenrichter ist, sondern in einem ohnmächtigen, sterbenden Menschen am Kreuz erkannt werden kann. Hier liegt für Sölle sozusagen der Schlüssel für ein nachtheistisches Verständnis der Religion. Während der Theismus von einem allmächtigen Gott ausgehen muss, weil er sonst ein Widerspruch in sich wäre, kann ein nachtheistischer Glaube, oder ein Glaube nach dem Tode Gottes, wie Sölle es eben überspitzt und pointensicher ausdrückt, sich darüber hinwegsetzen. Hier geht es nicht mehr um metaphysische Wahrheiten, sondern allein um ein Konzept, das existentiell zu einer gläubigen Lebensführung hin auf ein Leben in Identität genutzt werden kann. Und dieses sieht sie darin, dass die Macht im Schwachen liegt. Gott ist nicht mehr als eben mein schwacher Mitmensch. Sölle schreibt: „Gott ist uns nicht mehr unmittelbar da. Sein großes Inkognito, ‚der geringste unter diesen meinen Brüdern', ist unaufhebbar geworden, und wir haben keinen Grund, dies zu beklagen." Sölle sieht den Grund für die moderne Ablehnung des Theismus neben der Aufklärung und der Religionskritik auch in einer existentiellen Erfahrung. Es sei der Schmerz, die Ungerechtigkeit und das Leiden der Unschuldigen gewesen, die beinahe als eine Religionskritik sui generis verstanden werden können.

Der Übergang von der Kritik des theistischen Glaubens hin zur Beschreibung der Annahme Christi als Stellvertreter ist in Sölles Buch nicht fein säuberlich gepflastert, sondern eher ein Schotterweg. Es bleibt bis zum Ende unklar, wie und vor allem auch warum ein Mensch, der sowohl die aufklärerische Kritik aufgenommen hat als auch die existentielle Begründung für die Ablehnung des Glaubens kennt, also den Schmerz, sich Christus zuwenden sollte. Dass mit der Absage an den Theismus das Sinnbedürfnis nicht erledigt ist, ist klar. Aber von hier führt kein direkter Weg zu Christus. Für Sölle aber doch, denn sie schreibt:

„In allen Religionen sind die Schmerzen der Menschen zur Frage an die allmächtigen und glückseligen Götter geworden; nur in Christus erscheint die Auffassung vom leidenden Gott, nur hier sind es Gottes eigene Leiden, die von einem Menschen übernommen werden, erst seit Christus ist deutlich geworden, daß wir Gott töten können, weil er sich uns ausgeliefert hat."

Sölle hat den Christusglauben als Weg in eine sinnerfüllte Welt kennengelernt. Sie ist in diesem Glauben angekommen. Aus dieser persönlichen, existentiellen Erfahrung heraus wirbt sie nun dafür, dass auch andere Menschen auf diese Weise an einer sinnvollen Religion festhalten mögen. Es ist für Sölles Werk charakteristisch, dass sich selbst in den hoch theoretischen Darlegungen die praktischen Erfahrungen ihres Lebens finden. In einem Nachwort zu einer Neuauflage des Buches im Jahr 1982 schrieb Sölle: Ich will „erklären, warum eine junge Frau vor beinahe zwanzig Jahren ein Buch wie dieses über Identität und den Tod Gottes schreiben zu müssen glaubte. Das meine ich wörtlich: […] Ich suchte einfach für mich selber Klarheit über ein paar zentrale Fragen: der Identität („Wer bin ich"), der Christologie ('Was bedeutet Christus für uns?') und der Theologie oder den God-talk ('Welchen Sinn hat es, über Gott zu reden?')."

Es ist doch bemerkenswert, dass Dorothee Sölle das eigene Klarheit-Suchen für so bedeutend ansah, dass sie sich damit an den Suhrkamp Verlag wandte, wie wir vorhin gesehen haben. Dieses Selbstbewusstsein hängt sicherlich mit ihrer Herkunft zusammen. Nur, wer von klein auf vorgelebt bekommt, dass das eigene Denken und die Herleitung dessen wichtig und es nicht nur möglich, sondern auch erstrebenswert ist, beides zu teilen, kommt auf eine solch verwegene Idee. Dorothee Sölle war die bildungsbürgerliche Kämpferin gegen die Bürgerlichkeit der christlichen Religion.

VII.

Trotz ihrer vielen Erfolge ging natürlich nicht immer alles glatt, und auch wenn es so scheint, als habe ihr die Rolle als Provokateurin gefallen, kann all die Aufregung und der Hass, der ihr entgegenschlug, nicht spurlos an ihr vorübergegangen sein. Neben dieser Rolle als öffentliche Intellektuelle, die sie ab 1965 innehatte, war sie ja noch Studienrätin im Hochschuldienst an der Universität zu Köln und hatte drei Kinder. All das, verbunden mit der damals noch viel patriarchaleren Gesellschaft, die es einer Frau, zumal einer, die so öffentlichkeitswirksam und selbstbewusst provozierte, sehr schwer machen konnte, hätte andere Personen vielleicht zermürbt.

Sölle aber ließ sich von Rückschlägen nicht beeindrucken. Es lässt sich vielleicht sogar sagen, dass sie den Gegenwind gebraucht hat und die beneidenswerte Fähigkeit besaß, ihn in Rückenwind zu verwandeln. *Gegenwind* heißt ja auch ihre Autobiographie von 1995. Wenn der Kirchentag 1965 sie bekannt gemacht hat, dann haben die Ereignisse rund um das Politische Nachtgebet ab 1968 diese Bekanntheit zementiert. In den Berichten über diese besondere Art von Gottesdienst wird bis heute oft von *Dorothee Sölles politischem Nachtgebet* gesprochen. Dabei wurde die Veranstaltung von Anfang an von einer Gruppe organisiert. Und auch hier hat die strikte Gegnerschaft, die diese Aktion hervorgerufen hat, sie erst so richtig bekannt gemacht. Aus heutiger Perspektive war es geradezu ein Glücksfall, dass der Kölner Erzbischof Josef Frings das Abhalten des Nachtgebets in der Kölner St. Peter Kirche verbot.

Die Gruppe wich daraufhin auf die evangelische Antoniterkirche in einer der Haupteinkaufsstraßen Kölns, der Schildergasse, aus. Die Ablehnung durch Frings hatte schon Aufmerksamkeit auf sich gezogen, aber dass dann auch noch der Präses der Evangelischen Kirche im Rheinland öffentlich sagte, dass er den katholischen Kirchenführer darum beneide, dass er so etwas wie das politische Nachtgebet in einer seiner Kirchen einfach verbieten könne, machte die Aktion überregional bekannt. Vielleicht nicht nur, aber zumindest auch durch diese unfreiwillige Hilfe wurde das Nachtgebet ein riesiger Erfolg. Die Kirche platzte so im Oktober 1968 aus allen Nähten.

Sölle lebte damals von einem DFG-Stipendium, das sie zur Erstellung ihrer literaturwissenschaftlichen Habilitationsschrift am 1. Oktober 1967 erhalten hatte. Dieses erlaubte ihr, sich voll und ganz ihrer Habilitation zu widmen. In einem von ihr selbst im Zuge des Habilitationsverfahrens abgefassten Lebenslauf schreibt sie:

„Seit dem Kölner Kirchentag 1965 [...] geriet ich immer mehr in Auseinandersetzungen mit der herkömmlichen Theologie und versuchte, die eigene Position, die ursprünglich sehr von Bultmann bestimmt war, zu klären und der Frage, wie weit Theologie in einem nach-theistischen Zeitalter möglich sei. Das Buch ‚Stellvertretung. Ein Kapitel Theologie nach dem Tode Gottes' (1965) hat im Zusammenhang mit der gleichzeitig in Amerika entstandenen Death-of-God-Theologie eine heftige Diskussion entfacht, ebenso die zunächst im Merkur erschienenen Aufsätze, die 1967 unter dem Titel ‚Atheistisch an Gott glauben' veröffentlicht wurden. Meine Habilitationsschrift ist ein Versuch, das mich beschäftigende Thema an literarischen Gegenständen zu erproben und zugleich die Relevanz theologischer Fragestellungen auch für die Literaturwissenschaft darzustellen."

An dieser kurzen Selbstbeschreibung zeigen sich zwei interessante Punkte. Einerseits nämlich schreibt sie selbst, dass es ihr um *Theologie in einem nach-theistischen Zeitalter* geht. Kurz danach zitiert sie den Titel ihres uns schon bekannten ersten Buches, in dem es *Theologie nach dem Tode Gottes* heißt. Dass sie keineswegs den Tod Gottes verkündete, ist in den Forschungsbeiträgen zu diesen Zusammenhängen immer wieder gesagt worden. Und es wird auch jedem Leser und jeder Leserin recht schnell deutlich. Der Untertitel des Buches ist also schlicht eine Pointe oder eine steile Formulierung, die für Aufmerksamkeit sorgen sollte. Gleichzeitig wird hier auch deutlich, wie sehr sie sich durch ihre Gegnerschaft definierte. Denn die *herkömmliche Theologie* gab es natürlich überhaupt nicht. Was sollte das gewesen sein? Die Theologie war damals nicht anders als heute oder noch früher höchst heterogen und Bultmann, auf dessen Seite sie sich selbst verortete, war zwar umstritten, aber gleichzeitig höchst angesehen und hatte eine große Schülerschaft. Und noch etwas ist an dieser Beschreibung interessant. Sie selbst weist auch auf die *existentiale Interpretation* Rudolf Bultmanns als Konstante in ihrem Denken hin. Diese wendet sie dabei eben, das schreibt sie hier selbst, nicht nur auf deutlich theologische Fragen an, sondern sie überträgt dieses Vorgehen auch auf andere Bereiche. Zum Beispiel auf den Bereich der „literarischen Gegenstände", wie sie selbst hier schreibt. Später hat sie dann das gleiche Vorgehen auch für andere *Gegen-*

stände eingesetzt. Die größte Bedeutung hat dabei ihre Auseinandersetzung mit theologischen Schriften und Lebenszeugnissen von Mystikerinnen und Mystikern. Diese mündete, nach mehreren Jahrzehnten der Arbeit am Thema, 1997 in ihrem Buch *Mystik und Widerstand*. Aber schon in ihrem Buch *Die Hinreise* von 1975 kommen die Themen des großen Alterswerkes gebündelt vor. Sie selbst verstand jedoch *ihre Mystik* als ihr *opus magnum*, ihr Lebenswerk.

Diese Beschreibung von ihr selbst überzeugt aus zwei Gründen. Sie schaffte es hier, vieles von dem, was sie schon lange beschäftigt hatte, konzentriert zwischen die sprichwörtlichen zwei Buchdeckel zu packen. Und sie hat nach *Mystik und Widerstand* kein größeres Buch mehr geschrieben. Das Buch *Mystik des Todes* erschien erst nach ihrem Tod und wurde von ihr niemals fertiggeschrieben. Es ist auch nicht annähernd von gleicher Qualität wie die *Mystik*, sondern merklich ein Fragment. Es lässt sich durchaus fragen, ob es eine weise Entscheidung ihrer Nachlassverwalter war, dieses Buch zu veröffentlichen. Aber das ist nun auch nicht mehr wichtig. Es ist da und es hat mindestens die Funktion, darauf hinzuweisen, dass *der Tod* – was auch immer sie darunter verstand – ebenfalls ein Thema ihres Denkens war. Das überrascht bei einer Theologin nicht besonders, aber es ist doch ein bisschen quer zu ihren übrigen Schriften, die viel weniger solche philosophisch-theologischen Großbegriffe zum Inhalt hatten. Allerdings erschloss sie sich das Thema Tod dann doch wieder auf die typische Sölle-Weise: gegenwartsbezogen und damit losgelöst von der übrigen Diskussion. Aber wir waren erst bei den Ereignissen rund um das Politische Nachtgebet.

VIII.

Davor aber liegt noch ein schmales Buch Sölles, das sie 1968 veröffentlicht hat und das den schönen Namen *Phantasie und Gehorsam* trägt. Trotz des mächtigen Untertitels *Überlegungen zu einer christlichen Ethik,* ist es, wie gesagt, nur ein schmales Bändchen, das ein bisschen Nachdenken Sölles präsentiert. Wenn Sie im Zuge des 1984er Nachworts zu *Stellvertretung* geschrieben hatte, dass sie hier nur ihre eigenen Gedanken klären wollte, ließe sich nun vermuten, dass sie in einem späteren Nachwort zu diesem Buch vielleicht geschrieben hätte, nur dem Druck des Verlags nachgegeben zu haben, dem gut laufenden Erstling ein weiteres Buch folgen zu lassen. Die Pointen dieses Buches passen nicht recht in Sölles Denken. Denn das ganze Buch läuft auf zwei Spitzenbegriffe hinaus, die sich nicht einfach so zum politischer werdenden Denken Sölles gesellen wollen: Phantasie und Glück.

Die Grundfrage des Buches ist, wieder, wie das Christentum im Jahr 1968 noch etwas zum Leben der Menschen beitragen könne. Sölle schreibt, der Glaube habe eine unabgeschlossene Geschichte, die als eine möglichkeitsfreisetzende Geschichte zu verstehen ist, die den Menschen einen offenen Horizont in ihrem Leben zeigt. Das Gegenteil davon ist ein rückwärtsgewandtes Denken, das nur aus der Geschichte schöpft, um das zu erhalten, was sowieso schon da ist. Hier werden keine Möglichkeiten geschaffen, sondern Möglichkeiten erdrückt. Sölle aber will im Bewusstsein dieses Denkens der Möglichkeiten wissen, was das mit der christlichen Ethik macht. Kann die Ethik befreit werden vom Ballast der alten Dogmen? Als einen Kerngedanken, den es zu verabschieden gilt, sieht sie den des Gehorsams. Auf einen Gehorsam, wie er in vielen christlichen Lebensratgebern als wichtigste Handlungsregel des Christen vorgestellt wurde, konnte sich auch Rudolf Höß, der Kommandant des Vernichtungslagers von Auschwitz berufen. Ihn und seine Berufung auf Gehorsam führt Sölle als Negativbeispiel zu Beginn des Buches ein. So darf christliches Leben nicht sein, sagt Sölle. Aber „was können wir für unsere Gegenwart und für unsere Zukunft von Christus lernen?" Die beiden Begriffe, die Sölle als Ziel ihrer Argumentation anführt, sind schon gefallen: Phantasie und Glück.

Denken wir an Sölle und ihre Lebenssituation, als sie das Buch schrieb: Wen sehen wir? Wir sehen eine noch junge Frau, die bekannt und erfolgreich ist, die aber keinen festen Weg vor sich hat. Sie arbeitet als Wissenschaftlerin an der Kölner Universität im Bereich der Germanistik und interessiert sich ganz offensichtlich immer weniger für diesen Bereich. Oder anders gesagt, sie interessiert sich schon für Literatur und die dazugehörige Wissenschaft, aber nicht einfach so, sondern als Vergleichspunkt für das, was sie eigentlich interessiert: ihre Religion. Vielleicht würde sie selbst eher von ihrem Glauben sprechen, denn es ist diese persönliche Seite der Religion, die Sölle interessiert. Wie verändert der Glaube ein Leben und in welche Richtung tut er das? Sölle war seit 1967 Stipendiatin der Deutschen Forschungsgemeinschaft und hatte dafür sogar ihre Verbeamtung niedergelegt. Woher nahm sie den Mut dazu? Woher die Zuversicht, dass diese Entscheidung gegen die finanzielle Sicherheit, die für sie als geschiedene Frau mit drei Kindern sicher ein Thema war, die richtige ist? Und sie entschied sich kurz darauf nochmal gegen die Sicherheit und gegen den *Gehorsam,* aber für die Phantasie und das Glück, das sie offenbar in der Freiheit des Wirkens an den Grenzen zwischen Wissenschaft und Schriftstellerei und zwischen Religion und Literatur sah. In dem Lebenslauf, den Sölle im Zuge ihres Habilitationsverfahrens eingereicht hat, schrieb sie über diese Zeit:

„Vom Wintersemester 1964 bis zum Sommersemester 1967 war ich am Germanistischen Institut der Universität Köln als Studienrätin im Hochschuldienst beschäftigt, didaktisch mit Problemen der Vermittlung von literaturwissenschaftlichen Methoden, sachlich vor allem mit der deutschen Romantik und der Literatur des 20. Jahrhunderts. Eine Berufung auf den ord. Lehrstuhl für Literaturwissenschaft und Didaktik an der Pädagogischen Hochschule Rheinland, Abteilung Wuppertal, im Sommer 1967 lehnte ich ab, weil ich die Chance einer längeren Arbeitszeit, wie sie mir durch die Deutsche Forschungsgemeinschaft gewährt wurde, nutzen wollte. Auf Vorschlag der Professoren Fricke und Hink erhielt ich ein Stipendium, das mir die vorliegende Habilitationsschrift ermöglichte."

Sölle wurde also nicht von Männern daran gehindert, Professorin zu werden. Sie lehnte es aus freien Stücken ab, weil sie die Phantasie hatte, dass noch etwas Besseres für sie kommen wird. Das soll nicht heißen, dass sie nicht gegen manche Professoren und Kirchenvertreter ankämpfen musste – das steht außer Frage. Aber der Mythos von der verhinderten Professorin, der sich durch beinahe jede Publikation zu Dorothee Sölle zieht, ist einfach nicht mehr als ebenfalls eine gute oder vielleicht auch schlechte Phantasie. Was ist wohl von einer Frau in Sölles Situation erwartet worden? Verbeamtet und mit einem Ruf auf eine Professur ausgestattet, zugegebenermaßen eine kleinere, aber immerhin eine Professur? Gehorsam hätte wohl bedeutet, die Sicherheit zu wählen. Aber ob es sie glücklich gemacht hätte? Vielleicht schon, aber wohl eher nicht, denn Sölle war zeit ihres Lebens viel zu rastlos, als dass sie über längere Zeit in Wuppertal angehende Lehrerinnen und Lehrer hätte unterrichten können. So passt sich auch das kleine Buch zur christlichen Ethik von 1968 in Sölles Lebensphase ein. Doch passen ihre theologischen Begriffe von Phantasie und Glück zu der herkömmlichen Weise, die hier für die Beschreibung ihrer Situation verwendet wurde?

Sölle führt den Begriff des Glücks mithilfe der Sage des Polykrates ein. „Das Mißtrauen gegen das Glück hat seine klassische Formulierung in der Antike gefunden, in jenem Gedanken des Mythos, daß die Götter neidisch sind und den allzu Glücklichen verderben." Polykrates, der Tyrann der Insel Samos, ist laut der Sage mit Glück gesegnet. Ein Gast rät ihm jedoch, er müsse einen Verlust erleiden, damit das Glück ausgeglichen werden kann. Alle Versuche, sich selbst zu schaden, werden vom Schicksal durchkreuzt, sodass Polykrates in der Furcht lebt, die Götter werden sein Glück bestrafen. Sölle nimmt diese Sage auf und dreht deren Bedeutung ganz auf die Gegenwart. Dieses Vorgehen ist charakteristisch und erinnert stark an Bultmanns existentiale Interpretation. Einmal hatte Polykrates einen Ring ins Meer geworfen. Doch der Ring kam im Bauch eines Fisches wieder zu ihm zurück. Daraus macht Sölle: „Im Ring aus dem Bauch des Fisches kommt dem Polykrates das Bewußtsein des Unrechts zurück, das sein Glück bedeutet. Der Neid der Götter ist die mythische Formulierung einer gesellschaftlichen Organisation, deren Glücksmöglichkeiten begrenzt und zufallsdiktiert sind." Sölle plädiert dafür, das Glück anzunehmen und zu nutzen. Denn aus wahrem Glück kann mit Phantasie etwas Gutes entstehen. Dabei bedeutet Glück für sie vor allem, befreit zu sein und so an etwas Neuem arbeiten zu können. Glück ist also nichts, was einem geschieht, sondern ein Zustand des Geistes. Wer Glück „hat", kann die Phantasie walten lassen. Phantasie meint hier die Kraft zur kreativen Arbeit an einer besseren Welt, die eben nur mit Phantasie in der schlechteren Welt, in der die Menschen leben, vorzustellen ist. Beides, Glück und Phantasie, sind für Sölle die Grundlage für ein zeitgemäßes christliches Leben.

Auf zwei Weisen fügt sich das Buch in Sölles Leben und Werk. Zuerst können wir es wieder als Selbstbeschreibung lesen. Sölle selbst hat viel Glück erfahren und befindet sich 1968 im Zustand des Glücks, sie hat sich von der Verbeamtung und der angebotenen Professur befreit. Dieses Glück, da ist Sölle der moderne Polykrates, scheint ihr nicht nur gerechtfertigt. Es ist ihr zugekommen und Sölle fragt sich selbst, wie sie auf dieser Grundlage leben will. Die Antwort ist: mit Phantasie. Das bedeutet, den Zustand des Glücks, den Sölle – traditioneller – auch Glauben hätte nennen können, anzunehmen und auf der Grundlage dieses Glückes die Welt zu gestalten. Dieses Denken ist dabei völlig unpolitisch. *Phantasie und Gehorsam* ist vielleicht (nach der Dissertation) das unpolitischste Buch Sölles überhaupt. Die Grundthese, die an Luthers *Freiheitsschrift* erinnert, könnte auch von einem Liberalen vertreten werden: Zur Freiheit hat dich Christus befreit. In dieser ersten Deutung schreibt Sölle in ihrem kurzen Buch also über sich und ihre Situation 1968.

Die zweite Lesart erkennt in Sölles Schreiben über die Phantasie eine frühe Nuance ihres späteren Mystik-Begriffs. Überhaupt ist dieser Mystikbegriff, das kommt später noch, ein schillernder, der vieles umfasst, aber vor allem Sölles Verständnis ihres eigenen religiösen Lebens beschreibt. Die Mystik ist Sölles religiöse Kraftquelle, die sie im großen Mystik-Buch dann mit vielen Vorgängern und Vorgängerinnen ins Verhältnis setzt. Hier ist sie noch nicht bei der Mystik angekommen. Aber die Idee der Phantasie als Veranlagung zur kreativen (und damit auch gegen den Mainstream gerichteten) Gestaltung der Welt auf der Grundlage des Glücks weist schon den Weg zur Mystik. Sölle ist irgendwann gesprungen. Das hatten wir schon. Sie lebt im Glauben und findet aus diesem Glauben heraus eine riesige Kraft, um sich gegen viel Widerstand für das einzusetzen, was sie als den richtigen Weg entdeckt hat. In diesem Sinne ist sie eine echte Überzeugungstäterin. Sie konnte nicht mehr anders und suchte danach, dieses Getriebensein auf den Begriff zu bringen, weil sie eben bei aller gepflegten Ablehnung der Theorie doch eine Intellektuelle war und die Theorie brauchte. Diese Suche geht in den kommenden Jahren weiter und endet erst mit ihrem Tod, wie sich im letzten Vortrag, den sie am letzten Tag ihres Lebens gehalten hat, noch zeigt. Doch zuvor lassen sich die großen Einschnitte mit den Büchern *Politische Theologie* und *Hinreise* beschreiben, die wir uns gleich ansehen werden. Das erste der beiden erschien 1971, als sie bereits einen weiteren Schritt auf dem Weg zur Prominenz gemacht hatte. Das politische Nachtgebet, das sie zusammen mit anderen ab

1968 organisierte, sorgte dafür. Es war übrigens nie „Dorothee Sölles Politisches Nachtgebet", wie es immer wieder genannt wird, sondern einfach das Politische Nachtgebet, zu dessen Organisationskreis Sölle gehörte.

IX.

Das politische Nachtgebet hatte Sölle noch berühmter gemacht. Doch Sölle ist zu diesem Zeitpunkt noch mit ihrer Habilitation beschäftigt, mit ihren Kindern und mit dem Finden einer neuen Liebe. Und nicht zu vergessen: mit unermüdlichem Publizieren. Es ist beachtlich, dass Sölle alles das managt. Sie war Mutter von damals drei Kindern, geschieden und voll berufstätig. Gleichzeitig aber schrieb sie ohne Pause – in der zweiten Hälfte der 1960er Jahre kommt fast jedes Jahr ein neues Buch von ihr. Zudem reiste sie zu Vorträgen und Tagungen nicht nur durch Deutschland, sondern 1966 auch nach Israel. Die finanziellen und logistischen Möglichkeiten für eine so selbstbestimmte Arbeit trotz Familie hatte sie sozusagen geerbt. Stammte sie nicht aus einer finanziell gut situierten Familie, hätte sie nicht – sozusagen „zur Scheidung" – ein Haus von ihren Eltern geschenkt bekommen und eine Mutter gehabt, die sich trotz regelmäßiger Beschwerde über *vernachlässigte Mutterpflichten* oft um die Kinder kümmerte und hätte sie nicht Au-pair-Mädchen gehabt, sie hätte sich das alles nicht leisten können. Das Glück, das zur Phantasie führte.

Jedenfalls wurde die Israel-Reise aus dem Jahr 1966 eine sehr wichtige Reise. Denn dort lernte sie ihren zweiten Ehemann Fulbert Steffensky, damals ein unbekannter Mönch, besser kennen. Das Paar heiratete 1969.

Die vier Bücher, die sie in diesen späten 1960er Jahren herausbrachte, zeigen, wenn man sie inhaltlich auf ihre Kernaussagen hin liest, den Weg an, den Sölle nun immer entschlossener ging. Einerseits wurden ihre Texte immer politischer. Andererseits ließ sie die existentielle Denkweise ihrer früheren Texte dabei nicht völlig zurück. Diese Theorie, besonders die Bultmanns, wird vielmehr von einer explizit thematisierten Grundlage zu einer implizit mitgeführten Denkweise. Diese Verarbeitung des Bultmannschen Denkens zur Begründung ihrer eigenen politischen Position wird in ihrem Buch *Politische Theologie. Eine Auseinandersetzung mit Rudolf Bultmann* von 1971 dann zum eigenen Thema. Dieses Buch ist für ein Verständnis des Denkens von Dorothee Sölle besonders wichtig. Es ist so etwas wie ihr methodisches Manifest. Hier schreibt sie auf, wie sie schon kurz vorher vorgegangen ist und wie sie eigentlich in allen ihren wichtigen Büchern bis zu ihrem Lebensende vorgehen wird. Sie nimmt Bultmanns Ansatz einer existentialen Interpretation, der im Kern bedeutet, die Bibel und das eigene Leben unmittelbar aufeinander zu beziehen. In der Begegnung mit dem Text trifft die Sache, wie Bultmann es nennt – man könnte aber auch sagen das Evangelium – auf eigene aktuelle Fragen und es bildet sich ein neues Verständnis des eigenen Lebens. Doch sowohl der Inhalt des Evangeliums als auch die eigenen Fragen können nicht von außen festgelegt werden. Sie sind nicht ein für alle Mal dieselben. Sie sind und bleiben individuell oder zumindest zeitabhängig. Und genau das hat Sölle zu ihrem Programm gemacht. Fulbert Steffensky hat es in einem Gespräch einmal so ausgedrückt: „Ihre Stärke und ihre Schwäche zugleich war, dass sie radikal zeitbezogen geschrieben hat." Sölle hat in ihrem Schreiben und Denken die eben nicht immer gleiche Sache des Evangeliums mit den drängenden politischen Fragen ihrer Zeit ins Verhältnis gesetzt. Diese Fragen waren für sie in den 1950er und 1960er Jahren der Umgang Deutschlands mit der eigenen Schuld. Ab den späten 1960er Jahren veränderten sich die Fragen Hand in Hand mit der gesellschaftlichen Entwicklung. Es kam eine zunehmende Kritik am sogenannten kapitalistischen System US-amerikanischer Prägung dazu. Ich werde gleich noch genauer auf dieses Buch eingehen, weil es so bedeutend für das Verständnis des Werkes von Dorothee Sölle ist.

Als Sölle dieses Buch 1971 veröffentlichte, hatte sie sich gerade habilitiert. Sie war seit dem Herbst 1970, als sie ihre literaturwissenschaftliche Habilitationsschrift an der Philosophischen Fakultät der Universität Köln eingereicht hatte, auf Widerstand innerhalb der Fakultät getroffen. Zunächst wurde ihr Anfang 1971 eine Liste mit Überarbeitungswünschen der Fakultätskommission überreicht. Besonders der Direktor des Martin-Buber-Instituts für Judaistik, Prof. Dr. Johann Meier, hatte ein ausführliches Gutachten mit aufgezählten Mängeln erstellt. Diese arbeitete Sölle dann zu Beginn des Jahres 1971 ab, sodass Meier seine Bedenken im März 1971 zurückzog. Am 26. Mai desselben Jahres hatte sie dann ihren Probevortrag vor der Fakultät zu halten. Dafür konnte sie drei Themen einreichen. Von Seiten der Fakultät wurde schließlich das Thema „Das Motiv des Verlorenen Sohnes im Drama des Reformationszeitalters" ausgewählt. Diesen Vortrag hielt sie auch wie angekündigt. Er galt eigentlich als reine Formalie. Was dann passierte, ist schon öfter beschrieben worden, wenn auch hier sicher vieles im Lauf der Zeit überspitzt wurde. Sicher jedenfalls ist, dass Sölle diese Formalie nicht bestand. Die ausschließlich alten Herren der Kommission hatten Gehorsam erwartet, aber Phantasie bekommen. Das war zu viel! Hier musste ein Denkzettel her.

In der Kölner Akte findet sich dazu folgender Vermerk: „Im Anschluß an den Habilitationsvortrag und das Colloquium von Frau Dr. Steffensky beschloß die Fakultät am 26.5.1971 nach längerer Aussprache, den Antrag von Herrn Fricke, Frau Dr. Steffensky die venia legendi für Neuere Deutsche Literaturwissenschaft zu verleihen, abzulehnen. Im Beisein von Herrn Hinck und Herrn Fricke gab der Dekan Frau Dr. Steffensky den Beschluß der Fakultät bekannt. Er fügte hinzu, daß die von ihr vorgelegte Arbeit als vollgültige schriftliche Habilitationsleistung von der Fakultät anerkannt wird, und riet ihr, in absehbarer Zeit das Habilitationsgesuch zu erneuern. Frau Dr. Steffensky nahm zu diesem Vorschlag des Dekans keine Stellung und erklärte, sie werde es sich überlegen." Warum die Fakultät Sölle durchfallen ließ, ist nicht bekannt. Es gibt jedoch mindestens zwei Legenden, deren Wahrheitsgehalt nicht überprüft werden kann. Die eine lautet, dass sie einfach schon zu bekannt war. Immerhin war sie damals eine Prominente, über die in überregionalen Zeitungen und Magazinen berichtet worden war, die ins Fernsehen eingeladen worden war.

Geradezu legendär ist das Gespräch, das Günter Gaus 1969 im Rahmen der Fernsehsendung „zu Protokoll" mit ihr führte. Aus heutiger Perspektive ist schon allein der ästhetische Rahmen dieses Gespräches sehenswert. Das Bild ist schwarz-weiß. Die beiden sitzen sich gegenüber. Nichts steht im Weg. Oftmals sieht man den Hinterkopf des Interviewers Gaus im Vordergrund. Der Fokus der Kamera ist jedoch auf Sölle gerichtet. Sie sitzt exponiert auf einem Stuhl und stellt sich den durchaus kritischen, aber unterschwellig auch zugewandten Fragen von Günter Gaus. Nicht selten antwortet sie erst nach längerer Denkpause. Gaus fügt gelegentlich ein „ich verstehe" hinzu. Es wird fast pausenlos geraucht. Was so ein Fernsehauftritt bedeutete, muss man heute extra betonen. Es gab damals nur erstes, zweites und drittes Programm und diese sendeten nicht wie heute rund um die Uhr. Das allein verschaffte einem TV-Auftritt eine viel höhere Bedeutung. Auch die Tatsache, dass in Günter Gaus' berühmter Sendung bis zu Sölles Auftritt von 47 Episoden gerade einmal zwei mit weiblichen Gästen durchgeführt wurden, zeigt noch einmal die große Bedeutung. Die zwei weiteren Frauen waren übrigens Hannah Arendt und Indira Gandhi. Das ist eine Gesellschaft, die Sölle sich durchaus gefallen lassen konnte. Aber wenn ich den schon angesprochenen Auftritt bei Günter Gaus anschaue, dann bekomme ich den Eindruck, dass es ihr Spaß gemacht hat. Und Erfolg macht ja auch Spaß – und den hatte sie bei allem Mythos von der Verhinderung und Unterdrückung ihrer wichtigen Stimme spätestens seit 1965 genau damit: in der Rolle als Provokateurin. Sölle hatte ganz offensichtlich nicht nur die intellektuellen Fähigkeiten, um so einen Auftritt eindrucksvoll zu absolvieren, sondern auch das Selbstvertrauen und die Bühnen-Qualitäten, die dazu gehören. Und noch etwas zeigt schon dieser kurze Hinweis auf diesen frühen TV-Auftritt. Der Mythos von der nicht anerkannten Kämpferin gegen die Widerstände stimmt nur zum Teil. Neben vielen Gegnern hatte Sölle von Anfang an auch viele Fans, Befürworter und Förderer.

Aber beim Habilitationsvortrag könnte ihr das schon geschadet haben. Eine TV-Berühmtheit, die vermutlich schon damals mehr Bücher verkauft hatte als die anwesenden Herrn Ordinarien zusammen. Das verschaffte ihr keinen einfachen Stand. Angeblich soll es auch eine Rolle gespielt haben, dass sie 1970 ihr viertes Kind zur Welt gebracht hatte. Das ist natürlich ein Argument, das an Perfidie kaum zu übertreffen ist, aber damals eben teilweise noch ganz anders gesehen wurde. Während eine Frau heute (hoffentlich!) Anerkennung dafür bekommen würde, neben Geburt und Stillen und all der anderen mit dem Baby verbundenen Verpflichtungen auch noch eine Habilitation einzureichen und den Probevortrag zu absolvieren, wurde ihr das vorgeworfen. Warum ist sie nicht bei dem Kind? Was erdreistet sie sich? Aber wie gesagt, diese Geschichten sind Legende, wenn sie auch eine gewisse Plausibilität haben. Fulbert Steffensky sagte in einem Gespräch einmal, dass die älteren Herren ihr einfach einen Denkzettel verpassen wollten.

Sölle jedenfalls reichte am 29.9.1971 erneut Themen für einen Probevortrag ein. Ausgewählt wurde das Thema *Das serapiontische Prinzip als Schlüssel zum Werk E. T. A. Hoffmanns*. Vortrag und Kolloquium wurden auf den 1. Dezember 1971 angesetzt. Dieses Mal bestand sie beides ohne Probleme und Prof. Dr. Jürgen Untermann, Dekan der Philosophischen Fakultät, überreichte ihr im Anschluss daran die Habilitationsurkunde. Somit war Sölle Privatdozentin für Neuere Deutsche Literaturgeschichte, wie es auf der offiziellen Einladung der Universität zu ihrer Einführungsvorlesung am 25. Januar 1972 hieß. Kurz danach geschah noch etwas Merkwürdiges, was sich bisher in keiner der biographischen Schriften über Dorothee Sölle findet. Die Fakultätsleitung hatte offenbar ein schlechtes Gewissen wegen des Ärgers, den sie Sölle im Zuge ihres Habilitationsverfahrens gemacht hatte – so zumindest kann man die nächste Entwicklung in ihrer Karriere deuten. Denn schon am 27. Januar 1972 schrieb derselbe Dekan, der Sölle noch vor ein paar Monaten mitgeteilt hatte, dass sie ihr Habilitationsverfahren leider nicht bestanden habe, einen Brief an den Minister für Wissenschaft und Forschung des Landes Nordrhein-Westfalen und bat diesen darum, „Frau Dr. phil. Dorothee Steffensky-Sölle zur außerplanmäßigen Professorin zu ernennen". Auf dem Brief ist interessanterweise der Titel außerplanmäßige Professorin handschriftlich eingefügt. Maschinenschriftlich stand dort zunächst: „zur beamteten Dozentin" zu ernennen. Das wurde aber dann durchgestrichen und durch den anderen Titel ersetzt. Ob das nur ein Versehen war oder ob hinter dieser Veränderung ein weiteres unbekannt bleibendes Kapitel im Fall der Habilitation von Dorothee Sölle schlummert, bleibt offen.

Im Jahr 1972 wurden zwei ausführliche Gutachten geschrieben, die beide mit Nachdruck dafür plädierten, Sölle den Titel „apl. Prof." zu verleihen. In einem der Gutachten findet sich noch ein interessanter Hinweis, der etwas zum Mythos der akademisch in Deutschland vermeintlich verhinderten Dorothee Sölle beiträgt. Paul Gerhard Klussmann, damals Professor am Germanistischen Institut der Ruhr-Universität Bochum, schrieb eines der Gutachten, das auf den 29. Dezember 1972 datiert ist. Darin heißt es ganz am Ende des siebenseitigen Textes: „Als Mitglied der Bochumer Kommission für die Besetzung des Lehrstuhls ‚Allgemeine und vergleichende Literaturwissenschaft' hatte ich bereits vor einiger Zeit vorgeschlagen, Frau Sölle in die Diskussion der Kandidaten einzubeziehen. Daß sie trotz der damaligen Zustimmung aller Kommissionsmitglieder nicht in den engeren Kreis der Listenkandidaten aufgenommen wurde, war nur darin begründet, daß Frau Sölle zögerte, der offiziellen Einladung, sich für diesen Lehrstuhl zu bewerben, zu folgen." Inwiefern diese Geschichte den Tatsachen entspricht oder hier nur aufgrund des speziellen Charakters des Textes eingefügt wurde, um das positive Votum des Gutachtens für Sölle zu untermauern, lässt sich nicht sagen. Es zeigt sich hierin aber eines: Neben vielen Gegnern hatte Dorothee Sölle auch in dieser besonders heiß umstrittenen und karrieretechnisch noch unsicheren Phase ihres Schaffens viele Fürsprecher.

X.

Sölles *Politische Theologie* erschien 1971. Ihr war durchaus bewusst, dass ihr Titel durch Carl Schmitts gleichnamiges Werk geprägt war. Mit Schmitt, dem „Kronjuristen des Dritten Reichs", wollte sie nichts zu tun haben. Später nannte sie das, was hier noch politische Theologie heißt, auch Befreiungstheologie. Es passt aber schon, dass Sölle ihrem Buch von 1971 das *politisch* in den Titel schrieb. Denn sie befand sich zu diesem Zeitpunkt noch auf dem Übergang. Ein paar Jahre später war sie ganz in der Befreiungstheologie aufgegangen und beschäftigte sich viel mit den Ländern Lateinamerikas, die der Ursprung der Befreiungstheologien waren. 1971 scheint sie gedanklich jedoch noch in Europa zu Hause gewesen zu sein. Hier war noch viel *politisch* und es ging noch wenig um Befreiung.

Formal nimmt sie in diesem Buch Bultmanns Denken noch einmal detailliert auf. Sie bezeichnet es dann jedoch als nicht weitgehend genug. Sie schreibt: „An Bultmanns wie an jede andere Theologie ist die Frage zu stellen, ob sie tendenziell die Menschen liebesfähiger macht, ob sie die Befreiung des einzelnen und der Gesellschaft fördert oder verhindert, das ist das Verifikationskriterium." Doch das ist Sölles Kriterium – nicht das Kriterium Bultmanns. Insofern ist sie hier schon über ihn hinausgegangen. Sie kritisiert Bultmann von der Position ihres eigenen Ansatzes, vom *Standpunkt der Phantasie* aus. Das Buch ist ihr Befreiungsschlag hin zu noch mehr Phantasie. Sie löst die Fesseln der Bultmannschen Denkweise. Dort wurde die Botschaft der Bibel zwar aktualisiert und auf die eigene Existenz hin gedeutet, aber sie blieb durch das quasi-substanzhaft verstandene Kerygma gebunden und konnte nicht frei aktualisiert werden. In Bultmanns Denken gibt es durch den Bezug zur Sache, wie er es immer nennt, eine Art überzeitliche Konstante im Glauben. Eine solche Konstante interessiert Sölle jedoch nicht. Ihr geht es um die im Jetzt gesellschaftsverändernde Kraft des Glaubens. Woher dieser Glaube kommen soll, das fragt sie nicht und beschreibt es hier auch nicht. Sie unternimmt es eher, den eigenen Sprung in den Glauben auf die Gesellschaft hin auszulegen. Die Gesellschaft soll in den Glauben springen und so die Kraft zu Veränderung haben. Aber warum sollte die Gesellschaft das tun?

Sölles Gedanken sind hier sehr christentumsinhärent. Sie denkt auf der Grundlage des christlichen Glaubens für Menschen, die auch auf dieser Grundlage stehen. So lässt sich die These von der *springenden Gesellschaft* auch so verstehen, dass die Menschen, die glauben, diesen Glauben nicht als individuelle Lebensdeutung verstehen sollen, sondern als auf die Gesellschaft gerichteten Imperativ. Sölle schreibt: „Politische Theologie ist vielmehr theologische Hermeneutik, die in Abgrenzung von einer ontologischen oder einer existenzial interpretierenden Theologie einen Interpretationshorizont offen hält, in dem Politik als der umfassende und entscheidende Raum, in dem die christliche Wahrheit zur Praxis werden soll, verstanden wird."

Es reicht also nicht, wenn der Einzelne sein Leben christlich deutet und so Halt und Zuversicht findet. Ein solcher Glauben gilt für Sölle als nicht wahr, denn: „Ein theologischer Satz ist also nicht um deswillen wahr, weil er einen zeitlos gültigen Gehalt ausspricht, sondern er ist dann wahr, wenn er die Antwort gibt auf die Frage der jeweiligen konkreten Situation, zu der er, der Satz selbst, als ausgesprochener gehört." Diese konkrete Glaubenswahrheit als Glaubenspraxis hängt mit der Phantasie aus ihrem früheren Buch zusammen. Trotz des recht unpolitischen Inhalts kann *Phantasie und Gehorsam* im Rückblick als Vorstufe zu ihrem Buch *Politische Theologie* gesehen werden. Später werden die Mystiker und Mystikerinnen für Sölle die Beispiele für eine solche konkrete Wahrheit des Glaubens.

Sölles Glauben war schon zuvor auf die Vorgänge in dieser Welt ausgerichtet, musste sich auch in existentieller Weise im Hier und Jetzt erweisen und brauchte kein Jenseits, auf das er sich beziehen konnte. Aber er war durch Bultmanns Kerygma und das ganze existenzphilosophische Gerüst in einen überzeitlich-anthropologischen Zusammenhang eingerückt, nicht willkürlich. Nun aber bewegt sich Sölle in ihrem Verständnis von Glauben ganz auf der Ebene der Gegenwart und der Lebenswelt. Und, obwohl sie selbst Bultmann den Vorwurf macht, dass es bei ihm zu sehr um das Individuum gehe, ist Sölles Theologie hier, wo sie so intensiv für den Zusammenhang von Glauben und Gesellschaft plädiert, besonders individuell. Ihre eigenen Vorstellungen dessen, was Glaube ausmacht, bekommen bei ihr beinahe Offenbarungscharakter. Zwar schrieb sie: „Wir verstehen das Evangelium in seinem Ernst nur, wenn wir den politischen Horizont unseres Lebens gegenwärtig halten, wenn wir das Verfehlen und das Gewinnen des Lebens als an gesellschaftliche Voraussetzungen gebunden bewußt machen und sie in die politische Dimension hineinstellen." Aber wie wir den Ernst des Evangeliums nun konkret zur Wahrheit werden lassen, das ist der eigenen Glaubensvorstellung überlassen. Sölle sieht hier den Sozialismus als richtigen Weg. Aber diese Entscheidung ist völlig kontingent. Sölle kann zwar auf den historischen Jesus verweisen, aber jeder Gegenredner oder jede Gegenrednerin könnte wieder andere Jesus-Worte gegen Sölles Idee vom sozialistischen Christentum wenden. Insofern kann Sölle zwar behaupten, dass Glaube in einer sozialistischen Gesellschaft konkret werden würde, bleibt dabei aber auf der Ebene einer persönlichen Behauptung. Man könnte dies die Taliban-Tendenz nennen oder auch den Hang zum Fundamentalismus. Sobald ich meine persönliche Überzeugung (beispielsweise Sozialismus ist der Weg Gottes) als unhinterfragbare Wahrheit des Glaubens ausgebe, immunisiere ich sie gegen Kritik. Ich werde zum Fundamentalisten. So schrieb sie ebenso, dass ein christliches Verständnis von Theorie und Praxis nur noch als Einheit möglich sei. Wahrheit sei dann nicht als etwas zu verstehen, was man findet oder von dem man gefunden wird, sondern als etwas, das man wahr macht.

XI.

Ich möchte nun aber noch ein Zitat aus einem anderen Text von Dorothee Sölle aus dieser Zeit bringen. In einem Aufsatz für die Zeitschrift Merkur schrieb sie 1969 Folgendes: „Der Glaube an Christus bedeutet nicht mehr und nicht weniger als dieses: in seinem Entwurf leben." Das ist für sie die Formel, die auf den Punkt bringen soll, was noch vom Christentum übrigbleibt, wenn es kein eigentlicher Gottesglaube mehr ist. Wie sie in *Politische Theologie* den Übergang von der Existenztheologie zum Politischen vollzieht, hat sie hier den Übergang von der existenzialistischen zur christologischen Sichtweise in ihrem Denken vollzogen. Und interessanterweise begeht sie diesen Übergang mithilfe des Begriffs *Entwurf,* der für sie insgesamt wichtig ist. Deshalb: Was ist das für ein Begriff und welche Tiefenschichten schwingen hier mit?

Es ist ein Begriff aus Heideggers *Sein und Zeit,* der dort im berühmten § 31 (Das Dasein als Verstehen) seinen Ort hat. Heidegger verwendet ihn, um die Art und Weise zu beschreiben, wie das Verstehen als Existenzial zu verstehen ist. Ohne Heideggersche Begriffe: Entwurf beschreibt eine anthropologische Struktur, also eine Konstante des Menschseins. Und zwar die, dass Menschen ihr Leben immer auf die Zukunft hin ausrichten (müssen!). Wenn Menschen fragen, wer oder was sie sind, fragen sie das immer in Bezug auf die Dinge oder Zeiten oder Anforderungen, die noch kommen. Menschen entwerfen sich.

Das Zitat bei Heidegger lautet: „Warum dringt das Verstehen nach allen wesenhaften Dimensionen des in ihm

Erschließbaren immer in die Möglichkeiten? Weil das Verstehen an ihm selbst die existenziale Struktur hat, die wir den *Entwurf* nennen." Heidegger verwendet den Begriff also inhaltlich *leer*. Das ist ganz im Sinne seines Programms in *Sein und Zeit*. Sicher kann man diskutieren, ob sein großes Werk wirklich so ethisch unbedarft ist, wie er es gerne darstellt. Aber hier macht Heidegger es ganz deutlich, was sich am folgenden Satz, der ein paar Zeilen unter dem bisher zitierten folgt, zeigt: „Das Entwerfen hat nichts zu tun mit einem Sichverhalten zu einem ausgedachten Plan, gemäß dem das Dasein sein Sein einrichtet, sondern als Dasein hat es sich je schon entworfen und ist, solange es ist, entwerfend." Es geht Heidegger lediglich um eine leere Struktur, die das menschliche Leben hat. Diese Grundidee nimmt Sölle nun auf und verbindet sie mit Jesus Christus, indem sie sagt: „Der Glaube an Christus bedeutet nicht mehr und nicht weniger als dieses: in seinem Entwurf leben."

An dieser Stelle kann man ihre Ausführungen noch so verstehen, als wolle sie sagen, es geht darum zu erkennen, dass man als Mensch *Entwurf* ist. Aber das meint sie nicht, wie sie kurz im Anschluss deutlich macht. Sie schreibt: „Ich vermute, daß die meisten ein Verständnis oder mindestens ein Gespür dafür haben, was der Entwurf Christi enthält und was er ausschließt. Ich beziehe mich darum hier nur auf eine einzige Geschichte, die wir alle kennen, nämlich von dem Mann, der, unter die Räuber gefallen, auf der Straße von Jerusalem nach Jericho lag." Sie füllt also stark normativ auf, was bei Heidegger wertfrei gedacht war. Selbstverständlich gibt es vieles anderes, was der Entwurf Christi enthält, und er ist nicht überall so sozialkritisch, wie Sölle es hier darstellen möchte.

Es ließe sich jetzt noch auf Sartre zurückgehen. Auch bei ihm (Das Sein und das Nichts) findet sich ein ausführlicher Gebrauch des Begriffs Entwurf. Sicher gibt es erhebliche Unterschiede zwischen Sartre und Heidegger. Aber sie gleichen sich in der Verwendung des Begriffs als Strukturmerkmal. Entwurf bezeichnet die unbedingte Notwendigkeit des Menschen, sich einen Weg im Leben zu bahnen – ob er das nun will oder nicht. Bei Sartre auf die eingängige Kurzformel gebracht: Der Mensch ist Freiheit. Wie aber füllt er diese Freiheit? Heidegger geht in *Sein und Zeit* nicht darauf ein. Er belässt es bei Strukturbeschreibungen. Für Sartre ist klar: Das Wie des Füllens ist die Entscheidung des Einzelnen. Er trifft sie in Freiheit.

Zurück zu Sölle. Sie bezeichnet den Glauben als *im Entwurf Christi leben*. Damit verwandelt sie einen Strukturbegriff in einen inhaltlich gefüllten Begriff. Denn der Entwurf Christi wurde ja bereits gefüllt. Vor 2000 Jahren m Heiligen Land. Nun war das Leben Christi – soweit wir wissen – nicht immer gleich. Vielmehr hat er sich entwickelt. Wie alle Menschen. Doch Sölle führt den Entwurf Christi eng: Sie verweist auf die Geschichte vom barmherzigen Samariter. Hier wird nun ganz deutlich, dass sie selbst es ist, die diesen Entwurf Christi *entwirft*. „Das Evangelium liefert nicht Überhöhung, wohl drängt es die rein rational-operativen Entwürfe in eine bestimmte Richtung, die der Befreiung aller."

XII.

Als Sölle 1972 habilitiert ist und den Titel einer außerplanmäßigen Professorin erhalten hat, ist sie damit einerseits an einem gewissen Ziel angelangt. Andererseits aber will es das deutsche Universitätssystem bis heute so, dass eine Habilitation ohne Stelle nichts bedeutet – außer, dass man nun den Status einer Privatdozentin oder eines Privatdozenten einnehmen und sich auf offene Professuren bewerben kann. Da Sölle ja unmittelbar mit der Habilitation den Status der apl. Professorin verliehen bekommen hatte, übersprang sie das Dasein als Privatdozentin, aber das änderte gar nichts daran, dass sie von nun an zwar an der Universität Köln lehren durfte, dafür aber nicht bezahlt wurde. Doch Geld, das haben wir schon gelernt, interessierte Sölle nie besonders. Dafür hatte sie einfach immer zu viel davon. So war dieser neue Status, frei vom Druck weiterer akademischer Publikationen, wohl eher eine Befreiung als ein Fallen ins Ungewisse. Zumal sie, damals ja bereits prominent, viel beschäftigt und gefragt war.

1975 ging Sölle nach New York, wo sie am renommierten Union Theological Seminary Professorin wurde. Damit begann für sie ein neuer, bahnbrechender Lebensabschnitt. 1973 veröffentlichte sie ihre Habilitation unter dem Titel *Realisation. Studien zum Verhältnis von Theologie und Dichtung nach der Aufklärung.* Es ist ihr wissenschaftlich wohl gehaltvollstes Werk, dicht geschrieben und für das Forschungsfeld Literatur und Religion bis heute relevant. Die Pointe des Buches ist, dass die Literatur der Moderne nicht oder nur oberflächlich betrachtet antichristlich oder antireligiös ist.

Bei genauerem Hinsehen entpuppe sie sich vielmehr als, eben, Realisation der christlichen Grundideen in der Form literarischer und damit gegenwärtiger, offener – und nicht traditionalistischer, geschlossener – Sprache. Dass mit diesem Vorgehen jeder Autor – und sieht er sich selbst auch noch so unchristlich – eingemeindet werden kann, erscheint aus heutiger, aneignungssensibler Perspektive eher problematisch. Für Sölle, die, wie wir immer wieder gesehen haben, das Christliche ihres Denkens ohne Frage an den Anfang jeder Beschäftigung stellte, ist es selbstverständlich. Und da sie das spezifisch Christliche hier auch eher zu einer spezifischen Anthropologie umformt, wirkt ihr Zugriff auf ihre Referenzautoren (Jean Paul, Karl Philipp Moritz, Alfred Döblin und andere) auch weniger übergriffig als überzeugend.

Zur gleichen Zeit wie die Ereignisse rund um die Habilitation ereignete sich in Mainz wieder einmal ein Skandal um Dorothee Sölle, der durch einen Zeitungsartikel in der Frankfurter Rundschau auf die einprägsame Kurzformel „Links und eine Frau, das muss bestraft werden" gebracht wurde. Es ging um einen Lehrauftrag Sölles an der Mainzer Universität für den Bereich „Theologie und Literaturwissenschaft", der ihr erst genehmigt und später wieder entzogen wurde. Die Mainzer Neutestamentlerin Esther Kobel hat die Ereignisse, die sich in den Jahren 1971 bis 1974 abspielten, bis ins Detail rekonstruiert. Sie schreibt, dass die Fakultätskonferenz am 13. Februar 1971 beschlossen habe, Sölle mit diesem Lehrauftrag zu versehen. Ich beziehe mich bei der Schilderung der Ereignisse auf ihren Aufsatz. Einige der Professoren, die Sölle mutmaßlich aufgrund ihrer politischen Einstellung nicht als Lehrende an ihrer Fakultät haben wollten, hatten noch versucht, den Lehrauftrag nachträglich durch das Einschalten der Landeskirchen zu verhindern. Das scheiterte jedoch, weil die Kirchen bei Lehraufträgen nicht mitbestimmen konnten – anders als bei Professuren. Die evangelischen Landeskirchen machten hier eine klägliche Figur. Besonders der Präses der Evangelischen Kirche im Rheinland, Beckmann, der Sölle schon zu Zeiten des Politischen Nachtgebets in Köln verhindern wollte, spielte sich auf und versuchte sich einzumischen. Die Universitätsleitung in Mainz jedoch verbat sich jegliche Einflussnahme. Sölles Lehrauftrag lief an, und sie war bei den Studierenden von Beginn an beliebt. So beantragt Manfred Mezger, Professor für Praktische Theologie, bereits Ende des Jahres 1971, den Lehrauftrag zu verlängern. Sölles Lehraufträge wurden relativ unproblematisch verlängert und liefen bis ins Jahr 1974 ohne öffentlichen Streit. Sie las in Mainz zunächst im Wintersemester 1971/1972 *Transzendenz und Weltveränderung bei Jean Paul* und im Sommersemester 1972 *Das Problem des Todes. Kolloquium anhand theologischer und literarischer Texte*. Im darauffolgenden Wintersemester 1972/1973 lehrte sie über *Mythos im Spannungsfeld von Politischer Theologie und literarischer Texte* und im Sommersemester 1973 dann *Zum Problem des Leidens,* ein Semester später *Texte zum Problem des Leidens II* (mit Kolloquium). Diese Veranstaltung fand also im Wintersemester 1973/74 statt. Da hatte es bereits Streit gegeben. Kobel rekonstruiert, dass es erstmals auf einer Fachbereichssitzung vom 8. Juni 1973 zur Auseinandersetzung kam. Der Lehrauftrag war dann allerdings am 27. Juni desselben Jahres noch einmal verlängert worden, wenn auch unbezahlt. Fulbert Steffensky war zu diesem Zeitpunkt bereits Professor an einer Kölner Fachhochschule, so dass Sölle das Thema Geld wieder einmal links liegen lassen konnte und den Lehrauftrag trotz der versagten Entlohnung annahm. Allerdings musste der Lehrauftrag schon im Januar des Folgejahres wieder verlängert werden. Hier kam es nun zum offenen Streit. Über diesen wurde in den Medien breit berichtet. Das zeigt nicht zuletzt der schon angeführte Beitrag in der Frankfurter Rundschau. Studierende und prominente Theologen wie Ernst Käsemann meldeten sich zu Wort und setzten sich für Sölle ein. Hier kann noch einmal erinnert werden, dass Sölle zu diesem Zeitpunkt berühmt war. Ihr wurde inmitten dieser öffentlichen Streitigkeiten um ihre Person am 1. Februar 1974 die Theodor-Heuss-Medaille verliehen. Das war eine große Ehre, zu deren Verleihung sogar Bundeskanzler Willy Brandt kam und eine Rede hielt. Ich werde gleich noch einmal auf diese Veranstaltung eingehen. Hier dient uns die Erwähnung nur dafür, auf Sölles Prominenz hinzuweisen. Einen Tag später erschien der Bericht in der Frankfurter Rundschau. Es wurden Leserbriefe geschrieben und Solidaritätsaktionen veranstaltet und schließlich wurde der Lehrauftrag doch verlängert und ab dem Sommersemester 1974 dann auch wieder vergütet. Sie lehrte noch bis zum Sommer 1975 an der Mainzer Universität. Danach ging sie nach New York.

Diese Mainzer Episode zeigt, wie geliebt und gehasst gleichermaßen Sölle zu dieser Zeit bereits war. Sie endete durch Sölles Berufung auf eine Professur in New York, die sie in der zweiten Hälfte des Jahres 1975 antrat. Esther Kobel zitiert ein Gratulationsschreiben Manfred Mezgers an Sölle vom 5. Juni 1975. Darin heißt es:

„Im ganzen Fachbereich wird Freude und Bedauern sein über diese Nachricht; bei den einen Freude über diese Berufung und Bedauern über ihren Weggang; bei den anderen Bedauern über diese Berufung und Freude über ihren Weggang. Und so wären wir ausnahmsweise einmal, in antithetischem Sinne, in unserem Fachbereich bei diesem Anlaß einer Meinung."

XIII.

Zum Verständnis von Sölles Position ist es interessant zu sehen, was bei der Verleihung der Theodor-Heuss-Medaille gesprochen wurde. Hildegard Hamm-Brücher, die damalige Vorsitzende der Theodor-Heuss-Stiftung und Ikone der Freien Demokratischen Partei (FDP), hielt bei der Verleihung die Festrede. Aus heutiger Sicht ist es verwunderlich, dass ausgerechnet eine der FDP nahestehende Stiftung Sölle mit einer prestigeträchtigen Medaille auszeichnete. Und auch aus damaliger Perspektive war dies kein natürliches Paar – Sölle und die Theodor-Heuss-Medaille. Hamm-Brüchers Rede zeigt allerdings, warum Sölle die Auszeichnung bekam.

Sie beschreibt den Auftrag der Stiftung in ihrer Rede so: „Uns geht es darum, Demokratie in unserem Lande dadurch zu stabilisieren, dass wir sie von Fall zu Fall aktiv legitimieren. Das heißt: Demokratie muss immer wieder gewagt – sie muss aber auch immer wieder vor dem Umkippen bewahrt werden." Und weiter sagte sie, dass Demokratie nicht nur Mitbestimmung und Selbstbestimmung bedeute, sondern Pflichten und Verantwortung. Eine solche Demokratie aber brauche eine Mitte, aus der heraus sie gestärkt werde. Diese Mitte müsse durch die demokratische Verfassung ihrer Bürger, die eine Haltung sei, getragen werden. Als Repräsentantin einer solchen Mitte wird Sölle hier ausgezeichnet. Hamm-Brücher:

> „Angesichts der Gleichgültigkeit, der Bequemlichkeit, des krassen Egoismus, der Trägheit der Herzen und der gelegentlich babylonischen Zeiterscheinungen gibt es ent-

weder nur „Zwang und Knute" oder immer wieder das bessere Beispiel, das trotz mancher Augenblicke der Resignation und Hoffnungslosigkeit immer von neuem gegeben wird. Von solchen Beispielen (ich sage bewußt nicht Vorbildern, weil das häufig schon einen penetrant pädagogischen Beigeschmack hat) soll nun die Rede sein."

Sölle wurde hier als beispielhafte Demokratin ausgezeichnet. Das leuchtet durchaus ein. Aber sie war dennoch ein Fremdkörper bei dieser Preisverleihung. Das zeigen die Worte, die Hamm-Brücher über Sölle selbst sagte. Es beginnt schon interessant: „Kein Zweifel, dass Frau Dorothee Sölle unter all unseren Preisträgern auf den ersten Blick der ‚fremdeste Vogel' ist." Sölle wird dann als politische Theologin vorgestellt, wobei die Betonung auf der Theologin liegt, denn so etwas, eine weibliche Stimme in der politischen Theologie, sei selten. Hamm-Brücher erwähnt, dass die Wahl Sölles für große Aufregung gesorgt habe. Und prompt folgt ein Satz der Abgrenzung: „Um keine Mißverständnisse aufkommen zu lassen: Wir zeichnen hier nicht die theologische Richtung oder Leistung von Frau Sölle aus." Dazu fehle einerseits der Sachverstand und andererseits der Bezug zu Theologie und Kirche. Beindruckend sei aber Sölles persönliches Engagement, ihre Aufrichtigkeit, ihre tapfere Konsequenz bei Glauben und Sprechen einerseits sowie Handeln und Eintreten andererseits. Sölle gehöre zu dem verhältnismäßig kleinen Häuflein radikaler Demokraten, die die Gesellschaft bereichern, auch wenn sie es dieser und besonders ihren Institutionen öfter schwer machen – welche Institutionen gemeint sind, wird nicht gesagt, aber es sollen wahrscheinlich die staatlichen und kirchlichen gemeint sein. Zwar sei ihr Eintreten für innerkirchliche Belange bedeutend und dabei auch ihre Rolle als Frau hervorzuheben. Aber das sei nicht Grund der Auszeichnung, sondern es gehe darum, Sölles Eintreten für ein gesellschaftlich engagiertes Christentum auszuzeichnen. Sie habe durch diese Arbeit sowohl viele Christen zu einem politischen Mitmachen gebracht als auch viele in der Politik dazu, sich mit ihrem christlichen Erbe auseinanderzusetzen. Im Sinne des Evangeliums bedeute für Sölle: „die Solidarität mit den Unterdrückten, Rechtlosen, Armen und Unglücklichen". Sölle versuche die Christen zu einem Mitmachen in der Gesellschaft zu bewegen. Das sei natürlich nicht für alle der richtige Weg, aber unabhängig davon halte man die Arbeit Sölles für ein vorbildliches Engagement in der Demokratie.

Wie sehr Sölle hier der „fremdeste Vogel" war, zeigte sich auch in den Worten, die Sölle selbst im Anschluss an die Übergabe des Preises sprach. Sie sagte nach ein paar Worten des Dankes, sie habe in letzter Zeit nichts als Schwierigkeiten und Niederlagen erlitten. Sie gibt dann zwei Beispiele: „Ich habe versucht, für einige junge Leute, die wegen einer Vietnamdemonstration vor Gericht standen, als Zeuge über das, was in Vietnam geschehen ist, auszusagen." Das sei jedoch vom Gericht verhindert worden. Außerdem habe sie versucht, einen Untersuchungshäftling zu besuchen, aber dies sei nicht möglich gewesen. Dieser Untersuchungshäftling war allerdings nicht irgendjemand. Es handelte sich um Ulrike Meinhof, die seit 1972 in Untersuchungshaft saß und wegen Mordversuchs angeklagt war. Es handelte sich also immerhin um eine Terroristin, der Sölle einen Besuch im Gefängnis abstatten wollte. Vielleicht um den bekanntesten Häftling des Landes. Diese Erwähnung

Meinhofs an diesem Ort zeigt, wie radikal Sölle zu diesem Zeitpunkt dachte. Und es zeigt auch, wie sehr sie die Provokation suchte. Sölle sagte, es gehöre zu den ältesten christlichen Selbstverständlichkeiten, Gefangene zu besuchen. Weiter: „Es ist eines der sieben Werke der Barmherzigkeit, so selbstverständlich wie Nackte kleiden, Tote beerdigen oder Hungrige zu speisen. Offenbar leben wir in einem Land, in dem die Werke der Barmherzigkeit von staatlichen Stellen verboten werden." Dies alles sagte sie in Anwesenheit des Bundeskanzlers Willy Brandt. Sölle hatte sich in den Jahren seit 1968 politisch immer weiter radikalisiert. Dieser Prozess setzte sich in ihrer Zeit in New York fort. Doch bevor sie 1975 zu ihrem ersten US-amerikanischen Semester aufbrach, schrieb sie ein Buch, das theologisch ihren weiteren Weg aufzeigt. Das gilt nicht so sehr politisch, auch wenn beides laut Sölles Aussagen nicht zu trennen ist. Dieses Buch hieß *Die Hinreise. Zur religiösen Erfahrung. Texte und Interpretationen.*

XIV.

Sölle war eine Autorin, die schreibend ihre eigene Seele erkundete. Und sie war eine echte Schriftstellerin, ein Mensch, der nicht anders konnte als diese Erkundung der eigenen Seele auch noch zu veröffentlichen. Ihr Buch *Hinreise* entstand, bevor sie nach New York ging. Es gab damals familiäre Probleme und sie wusste noch nicht, dass die New Yorker Zeit zu einer der besten ihres Lebens werden würde. Die Chance war da, aber noch stand die Erfüllung im Ungewissen. Dem Buch ist ein kleiner Text vorangestellt. Hier heißt es:

> „Die ‚Reise' ist ein altes Bild für die Erfahrungen der Seele auf dem Weg zu sich selbst. Die ‚Hinreise', die in Meditation und Versenkung angetreten wird, ist die Hälfte der Religion auf dem Weg der Menschen zu ihrer Identität. Christlicher Glaube akzentuiert die ‚Rückreise' in die Welt und ihre Verantwortung. Aber er braucht eine tiefere Vergewisserung als die, die wir im Handeln erlangen: eben die ‚Hinreise'."

Mit dem Thema der „Identität" knüpft Sölle an das Thema ihres ersten Buches *Stellvertretung* an. Dort hieß es ganz zu Beginn: „Dieses Buch geht von der Frage aus, wie ein Mensch mit sich selber identisch werden könne, und es versucht, sie in Beziehung zu setzen zu der anderen, was Christus für unser Leben bedeute." Wie Sölle sich damals selbst suchte, so suchte sie sich auch jetzt. Das Buch ist dann auch eher eine Textsammlung als eine in sich geschlossene Abhandlung. So bruchstückhaft wie die menschliche Identität ist auch Sölles Text.

Dieses Vorgehen, das ungefilterte Verweben des eigenen Lebens mit den großen Themen der Religion führt auch zu Problemen, die hier im Buch deutlich hervortreten. Sie beginnt den Text mit folgenden Sätzen:

> „Der Mensch lebt nicht vom Brot allein, er stirbt sogar am Brot allein, einen allgegenwärtigen, schrecklichen Tod, den Tod am Brot allein, den Tod der Verstümmelung, den Tod des Erstickens, den Tod aller Beziehung. Den Tod, bei dem wir noch eine Weile weitervegetieren können, weil die Maschine noch läuft, den furchtbaren Tod der Beziehungslosigkeit: Wir atmen noch, konsumieren weiter, wir scheiden aus, wir erledigen, wir produzieren, wir reden noch vor uns hin und leben nicht."

Hier werden die Begriffe Tod und Leben auf eine Weise bagatellisiert, die gar nicht zu Sölles an vielen anderen Stellen formulierten Aufruf zum Kampf gegen die Ungerechtigkeit passt. Der Tod ist das Ende des Lebens. Das bedeutet, dass nichts mehr kommt und jemals kommen wird. Wer noch atmet, konsumiert, produziert, der ist nicht tot. Es zeigt sich in diesem Umgang Sölles mit dem Tod eine weitere Seite ihres Denkens, die bisher nur am Rande durchschien: ihre Kulturkritik. Diese Seite wurde mit der Zeit stärker und zeigte sich in den 1990er Jahren dann in einer generellen Ablehnungshaltung gegen technische Errungenschaften. Das Buch *Die Sowohl-als-auch-Falle. Eine theologische Kritik des Postmodernismus* von 1993, das sie mit herausgegeben hat, zeigt dies deutlich. Darauf werde ich später noch detaillierter eingehen.

Aber hier geht es erst einmal um das, was Tod eigentlich bedeutet. Sölle, die das körperliche, tödliche Leid in Vietnam und Südamerika aus eigener Anschauung kannte, schreibt hier etwas von einem Tod, den ein Mensch in der modernen Gesellschaft dadurch erleide, dass er zwar noch konsumiere und seine körperlichen Verrichtungen erledige, aber innerlich tot sei. Hier ist die große Befürworterin der Praxis ganz in der Theorie angekommen. Renate Wind zitiert in ihrem Buch einen Brief Sölles an Luise Schottroff, der in der Entstehungszeit des Buches geschrieben worden sei. Dort heißt es:

> „Ich befinde mich auf mystischen Abwegen! Vielleicht habe ich zuviel von dem Zeug gelesen und mich an der ‚suezze Gottes' berauscht, aber mir kommt der Materialismus im Marxismus im Moment so dumm, kleinkariert und zu falschen Konsequenzen führend vor (was er in der undialektischen Form, wie er uns meist begegnet, ja auch ist!) und die ‚innere Welt' der Religion, des Mythos, so verlockend […]."

Diese Beschreibung kann vielleicht erklären, warum Sölle hier so über die Köpfe der Menschen hinwegtheoretisiert.

Es soll im Buch *Hinreise* um religiöse Erfahrung gehen, die von Sölle als Gegenbegriff zum Totsein dargestellt wird. Das ist eine steile These. Der Mensch ist normalerweise tot, aber in der religiösen Erfahrung kommt er zum Leben. Sölle formuliert dies im ersten Kapitel des Buches an einer Stelle aus: „Dieses Buch ist ein Versuch, religiöse Erfahrungen darzustellen und zu vermitteln. Der Übergang aus dem normalen Totsein in das Leben ist sein Thema, und Religion wird als wesentliches Medium, innerhalb dessen sich dieser Übergang vollzogen hat und vollzieht, verstanden." Sie nähert sich dieser Frage nach der Religion und ihrer Bedeutung für ein nichttotes Leben dann zuerst über die eigene Biografie an. Sie berichtet von ihrer eigenen Angst vor Religion, weil es ihr peinlich war, mit einem Glauben an eine Erfüllung des Lebens nach dem Tod in Verbindung gebracht zu werden. Sie suchte das Heilsein, wie sie schreibt, hier und jetzt. Ihre Frage nach dem Heil sei keine gewesen, die auf eine zweite Welt bezogen gewesen sei. Die biographisch gesättigt erzählte eigene Angst vor der Religion wird dann in einem nächsten Schritt auf ein „wir" ausgeweitet. Sölle schreibt: „Wir haben Angst vor Religion: Angst vor der schwer kontrollierbaren Gemeinsamkeit, die sie mit sich bringt, und Angst vor den Emotionen, die zu artikulieren sie hilft." Aber für Sölle ist ein religionsloses Leben, also ein Leben, das einfach so lebt, ohne nach der Erfüllung im Hier und Jetzt zu fragen, ein totes Leben. Hier erinnern wir uns an den Begriff des Glücks aus *Phantasie und Gehorsam*, den ich als Vorstufe zu ihrem Mystikverständnis gedeutet habe. Diese Konzeption des Glücks scheint hier nun mit durch.

Wie *Phantasie und Gehorsam* ein recht unpolitisches Buch war, so ist sie nun in *Hinreise*, das gedanklich hier anschließt, wieder abstrakt und oft unpolitisch. Und dabei ist sie ungerecht und auf eine Weise wertend, die heutigen Lesern, die geübt sind im Aufspüren verbaler Übergriffigkeit, auffällt. So erzählt sie von einer alten Frau aus einem Film, den sie gesehen hat. Diese Frau habe erzählt, dass sie schon seit 15 Jahren einsam sei. Nach dem Tod ihres Mannes habe sie sich zurückgezogen und immer mehr in der Vorstellung gelebt, dass andere Menschen schlecht seien. Sölle wertet hier: „So spricht der in seinem Ich gefangene Mensch, der das Gefängnis des Egos als den normalen Ort anzusehen gelernt hat. Die Zweierbeziehung fungiert dabei als Ersatz für alle anderen Lebensbeziehungen, ihre Totalisierung ist der Ausdruck derselben Irreligiosität, die das Leben auch sonst bestimmt." Und dann kommt der knallharte Satz: „Die alte Frau ist tot und weiß es nicht […]."

Der Grund für die Beschreibung der Frau als tot ist, dass sie die religiöse Tiefe im Leben, das nicht vom Brot allein bestimmt wird, nicht erkennt. Sölle beschreibt Religion hier als Kriterium für Lebendigkeit. Ein wenig später im Buch, zu Beginn des dritten Kapitels, knüpft sie hier wieder an. Sie nimmt die Angst auf, die Menschen vor der Religion haben. Und sie nimmt die Religion auf, als Grundlage des Menschseins. Der erste Satz dieses Kapitels lautet: „Wir haben Angst davor, unsere eignen Erfahrungen auszusprechen, und vor allem haben wir Angst, die wichtigste Sprache menschlicher Erfahrungen, die religiöse Sprache, zu gebrauchen." Es ist der Argumentation des Buches nicht moralisch vorzuwerfen, dass die Bedeutung von Religion hier überstrapaziert wird. Das ist ja genau das argumentative Ziel. Und Sölle macht es wie immer, sie spitzt so lange zu, bis auch der oder die Letzte zumindest die Pointe ihres Gedankens verstanden hat. Aber es ist dem Buch auf einer anderen Ebene vorzuwerfen. Die Bedeutung von Religion wird hier lediglich behauptet, oder, freundlicher ausgedrückt, sie wird persönlich erzählt. Das allerdings ist nicht schlüssig für den Leser oder die Leserin. Sie schreibt etwa, „dass alle, die glauben, ein wenig hinken, wie Jakob, nachdem er mit dem Engel gekämpft hat". Dann fügt sie hinzu: „Sie sind schon einmal gestorben. Man kann es niemandem wünschen, aber auch nicht versuchen, es ihm durch Belehrung zu ersparen. Die

Erfahrung des Glaubens ist ebenso wenig ersetzbar wie die Erfahrung der physischen Liebe." Diese Beschreibungen mögen auf sie selbst und ihr eigenes Erleben passen. Ich habe vorhin vom Sprung in den Glauben bei Dorothee Sölle geschrieben, der es ihr ermöglicht hat, einen für sie gangbaren Lebenspfad zu finden. Übertragen lassen sich solche individuellen Erfahrungen jedoch nicht. Sölle verknüpft das biographisch aufgeladene Postulat von der Unersetzbarkeit der Religion mit dem schon erwähnten Kulturpessimismus. Die Angst der Menschen vor der Religion (die Sölles eigene Angst ist) geht Hand in Hand mit einem rationalisierten Blickwinkel auf das Leben als etwas, das zu etwas da ist und daher funktionieren muss. Diesem Funktionsdogma werde alles untergeordnet. Denken und Handeln müssten sich an ihm messen. Diese Zweckrationalisierung, wie sie es nennt, „macht alles, was nicht funktionstüchtig ist – und dazu gehören z. B. Gebet, Dichtung, Expression, auch Gottesdienst –, durch die Art ihrer Reflexion auf den Zweck unmöglich". Sölle sieht hier völlig schwarz. Wer der Gegenwartsanalyse des Buches folgt, bekommt das Grauen vor der Welt. Sölles Kulturpessimismus ist dabei immer eine Verfallserzählung. Es geht bergab, und zwar rapide. Früher war es besser. Wobei sich fragen ließe, welches Früher eigentlich gemeint sein soll. Darum geht es ihr aber nicht. Es ist mehr die Idee von einem Früher, ein romantischer Blick in die Vergangenheit. Ein Beispiel noch: „Die Sprache der Seele hat sich einst von Religion und Poesie genährt; wenn aber nur das Zweckhafte gesellschaftlich wertgeschätzt wird und die einzige ernsthafte Kommunikation darüber in der Sprache der Wissenschaft geschieht, so zerstört die Internalisierung dieses Systems jede andere

Wahrnehmung von Werten, sie zerstört uns bis in die Wünsche hinein."

Im zweiten Hauptteil des Buches erzählt Sölle dann einzelne Geschichten (unter anderen das Märchen „Der goldene Vogel") und sucht darin nach Religion. Im dritten Teil, der mit „das Problem der Identität" überschrieben ist, geht sie ebenso an literarischen Zeugnissen entlang und entfaltet ihre These von der Notwendigkeit der Religion für die Identität, also das eigentliche, richtige Menschsein – im Sinne Sölles. Hier klingen manche Stellen sehr nach liberaler Theologie. So schreibt sie:

> „Das religiöse Bedürfnis ist das Bedürfnis nach erfahrenem Sinn, die Sehnsucht nach versprochener und sichtbarer Wahrheit. Religion ist der Versuch, nichts in der Welt als fremd, menschenfeindlich, schicksalshaft, sinnlos anzunehmen, sondern alles, was begegnet, zu verwandeln, es einzubeziehen in die eigene menschliche Welt. [...] Religion ist der Versuch, keinen Nihilismus zu dulden und eine unendliche (endlich nicht widerlegbare) Bejahung des Lebens zu leben."

Diese Passage erinnert beinahe wörtlich an Paul Tillichs bekanntes Buch *Der Mut zum Sein*. Tillich spricht dort auch von der Lebensbejahung als Kern der Religion – und zwar von einer Lebensbejahung, die alle negativen Seiten des Lebens wie insbesondere den Tod einschließt, ohne sie gutzuheißen. Bei Tillich steht diese religiöse Lebensweise allerdings neben weiteren und wird von ihm zwar präferiert, aber keineswegs als einzig richtige dargestellt. Warum die Religion allerdings bei Sölle unbedingt notwendig sein soll und es nicht genauso gut auch religionslos geht, das kann sie nicht zeigen.

Das Buch – eher eine Textsammlung als eine Monographie – ist für uns vor allem in Bezug auf Sölles unauflösbare Verflechtung von Leben und Werk interessant. Mit dem Brief an Luise Schottroff im Hintergrund und dem Wissen um die familiären Probleme und das geöffnete Fenster nach New York lässt sich hier wieder eine Selbstklärung in Buchform erkennen. Und die Richtung, in die es geht, wird angezeigt. Die Mystik, die Religion als In-sich-Sinken, ist ihr neues Thema, das zwar Bekanntes aufnimmt (Identität aus *Stellvertretung* und Phantasie und Glück aus *Phantasie und Gehorsam*), das aber weiterführt und schließlich im letzten Lebensjahrzehnt zu dem beherrschenden Thema in ihrem Denken wird. Sie beschreibt Mystik dabei von Anfang an als doppelten Akt. Es wird in sich gegangen, aber gerade dadurch auch aus sich heraus. Wörtlich:

> „Die These dieses Buches ist, dass die äußerste Geborgenheit des Sich-Entsinkens, die wir mit einem alten Wort ‚Religion' nennen, zugleich der äußerste Progress ist. Aus der innersten Erfahrung der Gründung unserer Identität ist die Rückreise notwendig; ohne sie verfällt das menschheitliche Unternehmen der ‚Hinreise' zu einem bloß privaten Trost- und Ablenkungsmittel."

XV.

Im Jahr 1975 wurde Dorothee Sölle Professorin am Union Theological Seminary in New York. Sie hatte zwar keine Professur in Bremen oder gar in einer „Weltstadt" wie Osnabrück bekommen, aber immerhin in New York. Was ist wohl besser? Es ist Zeit, die ewige These von der Verhinderung Sölles auf einem Lehrstuhl ein für alle Mal abzulegen. Sie stimmt einfach nicht. Nicht nur, dass sie wie schon geschrieben eine literaturwissenschaftliche Professur abgelehnt hatte, sie wollte spätestens ab 1975 keine deutsche Professorin mehr sein, sondern hatte etwas Besseres im Sinn. Das heißt nicht, dass sie nicht bekämpft worden wäre. Das ist unbestreitbar. Aber dass sie im deutschen akademischen Betrieb verhindert worden wäre oder ihr eine Professur vorenthalten worden sei, wie immer wieder geschrieben wird, ist Legende. Vielmehr zeigt ja gerade die Episode um ihren Lehrauftrag in Mainz, wie viele Unterstützer sie hatte und dass der Versuch, sie zu verhindern schon Anfang der 1970er Jahre nicht mehr gelang. Jedenfalls hat sie wohl auch nicht lange gezögert und das Angebot angenommen, am „Union" erst einmal als Gastprofessorin zu arbeiten. Ihr Mann und zwei ihrer Kinder kamen zunächst mit. Später verbrachte sie dann jeweils ein Semester im Jahr in New York und eines in Hamburg, wo Fulbert Steffensky eine Professur für Religionspädagogik angenommen hatte. Zumindest was den eigenen Beruf und den Beruf des Ehemanns angeht, war Sölle somit dorthin zurückgekehrt, wo sie begonnen hatte: in der Professorenfamilie.

Die New Yorker Zeit war wohl eine der besten in ihrem Leben. So wird es immer wieder erzählt. Und es scheint auch in den Texten durch, die von dieser Zeit berichten. Sie hat viele Interviews gegeben und Radiobeiträge eingesprochen, in denen sie aus New York berichtete. In diesen Beiträgen schwingt immer eine Art von Faszination und Fremdheit mit, die sich aus heutiger Sicht nicht mehr so gut nachvollziehen lässt. Sie lesen sich ein wenig wie Berichte einer Austauschschülerin. Sölle ist fasziniert und beobachtet, schließt Freundschaften, arbeitet an vielen Stellen mit, aber es scheint niemals „die Gefahr" bestanden zu haben, dass sie sich assimiliert, gar US-Amerikanerin wird. Sie bleibt immer die Deutsche, die für eine gewisse Zeit dort ist, aber dann auch wieder zurückkehren wird. Das ist in all den Gesprächen und Texten aus dieser Zeit immer Voraussetzung. Sowohl die Interviewer als auch sie als Interviewte stellen diese Grundkonstellation nicht infrage. Dabei ist das ja durchaus nicht selbstverständlich. Immerhin war sie über zehn Jahre am Union Theological Seminary angestellt. Das ist eine Zeitspanne, die schon zum Bleiben hätte bewegen können. New York war damals natürlich noch viel weiter entfernt. Zwar konnte man seit dem Jahr 1976 mit der Concorde in weniger als dreieinhalb Stunden von Paris oder London nach New York fliegen, aber das war natürlich nichts für jeden. Telefonieren war teuer und das Internet für alle in weiter Ferne. New York war noch eine andere Welt. Vielleicht erklärt das die streckenweise sehr merkwürdigen Berichte, die Sölle im Radio gab und die von ihr in unterschiedlichen Aufsatzsammlungen zweit-, dritt- und sogar viertverwertet wurden. Sie war, wie wir schon einmal hatten, eine Meisterin der Mehrfachverwertung.

Ein besonders aufschlussreicher Text trägt den Titel *Konversion und Radikalisierung*. Die Grundlage des Gesprächs ist ein Radiointerview im WDR, dann wurde der Text in der Zeitschrift *Merkur* veröffentlicht und findet sich schließlich in dem Band *Sympathie. Theologischpolitische Traktate*, der zuerst 1978 im Kreuz Verlag erschien. *Konversion und Radikalisierung* ist ein Gespräch mit dem WDR-Radiojournalisten Ulrich Gembardt. Es dreht sich um alles mögliche und liest sich beinahe wie ein Podcast. Viele der Radiobeiträge berichten Belangloses und Privateindrücke Sölles. Sie ähneln einer Vorform von Social-Media-Posts.

In dem genannten Gespräch mit Gembardt jedoch geht sie auf ein paar Details ein, die helfen, ihre Zeit in New York einzuordnen. Sie berichtet vor allem, dass es ihr gut gefällt und dass viele Dinge sie positiv überrascht haben. Für sie als „Linke" war es sicher nicht einfach, ins „Feindesland" zu ziehen. Noch kurz zuvor hatte sie in den Anti-Vietnamkriegs-Demonstrationen gegen dieses Land protestiert, es gar verdammt. In dem erst Mitte der 1980er Jahre erschienenen „New Yorker Tagebuch" ist ihr Blick auf die USA an vielen Stellen deutlich dunkler. Jetzt aber, 1977, berichtet sie zumeist Gutes. Gembardt fragt zuerst, wie sie die Nachricht dieses Rufs an die New Yorker Hochschule aufgenommen habe. Sölle erzählt von ihren Vorurteilen: Sie habe die USA als eine Art unkultivierte Zone betrachtet. Das habe sich aber bald gelegt – etwa als sie erfahren habe, wie oft die „Matthäus-Passion" oder der „Messias" hier aufgeführt würden. Sölle, die Professorentochter, die nun selbst eine Professorenfamilie hat, ist ganz in ihrem professorenfamiliären Element. Auch über das Essen habe sie nur Schlechtes gehört, aber bald herausgefunden, dass auch das nur ein Vorurteil war. Sie sagt dann: „Es gibt natürlich unendlich viel Schund in jeder Hinsicht. Aber es ist in diesem Land ungeheuer viel groß. Das ist vielleicht mein stärkster erster Allgemeineindruck: die Weite des Landes." Amerika ein weites Land, diese Erfahrung, die zunächst klingt wie ein USA-Klischee, hätte sie in Bezug auf viele ihrer Urteile über dieses Land eines Besseren belehren können. Verweist die unermessliche Weite doch gerade auf die eigene, deutsche Enge, vor allem im Denken. So groß sind die Vereinigten Staaten von Amerika, dass die Urteile nie ganz treffen, weil immer nur ein kleiner Ausschnitt in den Blick kommt.

So mäandert das Gespräch im Abarbeiten von Klischees eine Weile vor sich hin. Es sind aber besonders zwei Themen, die dann doch noch für unser Nachdenken über Sölles Leben und Schreiben interessant sind. Zum einen hat sie sich hier schon deutlich von ihrer christologischen Vergangenheit verabschiedet. Zum anderen zeigt ein Nazi-Vergleich, dass sie sich politisch eher nicht von etwas verabschiedet hat, sondern schon eine weitere Radikalisierung begonnen hat.

Zum Ersten lässt sich vielleicht sagen, dass die christliche Arroganz, die in vielen ihrer früheren Texte zu finden war, hier schon aufgelöst ist. Diese Arroganz, die vielleicht sogar eher Ignoranz war, ein Nichtkennen der anderen religiösen Lebensformen, wurde durch das Kennenlernen solcher in den USA offenbar schnell als zu eng entlarvt. Als Gembardt sie nach Nichtchristen fragte, die an der Theologie interessiert sind, antwortete sie: „Ich bin etwas zögernd dem Ausdruck Nichtchristen gegenüber und fast zögernder als in Europa. Es gibt, glaube ich, hier sehr viele Menschen, die man am besten als

Nachchristen, als *postchristians* bezeichnet, sie haben das Christentum als eine historisch gewordene Gestalt von Glaubensinhalten und Dogmen und Riten hinter sich gelassen, verstehen sich aber selbst keineswegs antichristlich oder auch nur außerhalb alles dessen." Sölle berichtet dann von einem Befreiungsgebetsbuch, in dem es Bitten an Einstein, Teresa von Avila, Mahatma Gandhi gebe. Sie will das aber nicht als einen religiösen Supermarkt verstehen, in dem sich alles kaufen lasse. So eine Sichtweise hält sie für oberflächlich. Sie sagt: „Ich glaube, es ist ein Versuch, mit dem Bewußtsein eines heutigen Menschen zu leben, für den Einstein ja manchmal wichtiger ist als Moses." Synkretismus, wie sie ihn in den USA erlebe, wolle sie nicht als Schimpfwort verstanden wissen. Solcher Synkretismus sei vielmehr ein Befreiungswort. Dann sagt sie etwas, das zeigt, wie weit sie sich hier bereits von ihrer christozentrischen Phase entfernt hat: „Überhaupt, diese vielen Wirklichkeiten neuer Religiosität, auch der Überschneidung von Zen-Buddhismus und Christentum und Mystik und wie das in exemplarischen Gestalten heute gelebt wird – Christus ist da ein älterer Bruder unter anderen."

1965 auf dem Kölner Kirchentag hatte sie von den Christen außerhalb der Kirche gesprochen, die aber, das war der Unterschied, eben allein durch ihre Sehnsucht nach mehr, ihre religiöse Lebensführung könnte man sagen, eine Beziehung zu Christus haben. Nun, 1977, spricht sie von den nachchristlichen Menschen, die zwar noch auf den christlichen Traditionen irgendwie aufbauen, diese aber eigentlich schon verabschiedet haben und sie lediglich als Sprungbrett in eine andere Art der Spiritualität verwenden. Im Sinne unserer biographischen These lässt sich das so verstehen, dass

Sölle selbst nun erst mit all diesen anderen Religionen und Bräuchen konfrontiert, erkennt, dass Christus nicht alles ist. Köln mag für deutsche Verhältnisse eine Großstadt gewesen sein, aber im Vergleich zu New York war Köln damals noch eine katholische Monokultur. Die Multikulturalität und Vielseitigkeit von heute war damals in den 1970er Jahren noch weit entfernt.

Zum Zweiten oben genannten Punkt, ihrer politischen Radikalisierung, trägt schon der Titel des Gesprächs etwas bei. Die Überschrift lautet ja *Konversion und Radikalisierung*. Diese beiden Begriffe sind aber keineswegs zentral für das ganze Gespräch. Sie kommen vielmehr nur an einer Stelle und eher versteckt vor. Gembardt fragte Sölle nach der Bedeutung der Kirchen in den USA und ob sie als Begegnungsorte verstanden werden könnten, die die Menschen zusammenbringen und ihnen das Gefühl geben, mehr als nur der zu sein, der sie im täglichen Leben sind. Sölle erzählte daraufhin von den jungen Menschen, die diese Form einer Kirche als Begegnungsort zwar kritisierten, aber letztlich auch aus diesen Strukturen kommen und die neuen Formen von Religiosität auf deren Grundlage entwerfen würden. Sie sagt dann: „Die sogenannten Radikalen wachsen eben sehr auf diesem gemeinsamen Grund von Religion und Kirche. Da gibt es wirklich Konversion als Radikalisierung – vielleicht das christliche Thema dieser Jahre." Dieser Satz ist etwas kryptisch und nicht leicht zu verstehen, aber er ist wohl so gemeint, dass die Zugehörigkeit zu einer bestimmten Kirche ein großer Protest gegen den Mainstream der US-amerikanischen Gesellschaft sei. Denken schlage sich, das ist hier Sölles Pointe, viel stärker in einer Veränderung des Lebensstils nieder als in Deutschland. Sölle hat offenbar keine große Affinität zu vielen dieser alternativen Lebensstile. Das Zurückziehen aufs Land und ein Leben mit einfachen bis ärmlichen Mitteln wird als Beispiel genannt. Hier schlage sich ein Wille zum radikalen Ändern des Lebens durch, den Sölle bewundert, selbst aber nicht vollziehen wird. Das sieht sie durchaus selbstkritisch. Gembardt fragt sie: „Kommt es nicht, so wie es ist, faktisch darauf hinaus, dass, sehr böse formuliert, dort gewissermaßen Seelen sich selber retten?" Sölle darauf:

> „Ich habe mir dieselbe Frage auch gestellt, immer wieder. Und immer wieder haben sie mir gesagt: Mag sein, dass du recht hast, aber was tust du denn? Dann habe ich gesagt: Ich schreibe manchmal ein Buch oder halte einen Vortrag oder rede im Radio, Dinge, von denen ich hoffe, dass sie irgend etwas verändern."

Hier ist Sölle selbstkritisch genug zu sehen, dass sie, die große Kritikerin der Theorie, eben eine reine Theoretikerin ist und bleiben wird.

Doch führte das für einen Augenblick weg von der Frage der Radikalisierung. Sölle beobachtet diese in Teilen der Gesellschaft und nähert sich diesen an, wenn sie auch nicht Teil dieser Bewegungen wird. Ihre Sache ist eben verbale Radikalisierung und nicht praktische. Das zeigt sich in diesem Gespräch schon ganz zu Beginn. Hier spricht Gembardt Sölle darauf an, was denn der Vietnamkrieg mit der Gesellschaft gemacht habe und sie antwortet mit einem Nazi-Vergleich (den Gembardt aber in gewisser Weise auch provoziert hat, muss man zugestehen). Jedenfalls sagt sie: „Aber in der Sache ist es [Deutschland während der Nazi-Zeit und die USA während des Vietnamkrieges] außerordentlich ähnlich:

das es eigentlich den Block der Neutralität nicht mehr gibt, von dem viele Amerikaner sozusagen lange geträumt haben – die Idee, daß sie eigentlich nichts damit zu tun hätten. Das ist ja eine Idee, die auch sehr viele Deutsche gehabt haben: daß sie sich eigentlich immer anständig verhalten hätten."

Sölle, das macht dieses Gespräch von 1977 deutlich, genoss es, in den USA zu sein. Sie hat dadurch ihre deutsche Provinzialität ablegen können. Ihr Denken nahm einen Schub. Sie konnte das Christozentrische ihrer frühen Phase ablegen und öffnete sich für eine fromme Lebensform, die Anleihen am Christlichen nimmt, aber auch anderes einbezieht. Sölle selbst wird zwar immer christlich bleiben und stellt diese Zugehörigkeit auch nicht infrage (außer dass sie später schreibt, sie sei vielleicht viel eher eine Jüdin, worauf ich noch eingehen werde). Aber diese Begegnung mit dem Nichtchristlichen und auch die beschriebene Bedeutung eines radikalen Lebensstilwechsels prägen sich ihr ein und werden mit dazu führen, dass die Mystik immer wichtiger wird. Im Laufe ihrer Zeit am Union Theological Seminary wird sie immer wieder über Mystik lehren und damit auf dem Pfad voranschreiten, den sie in der *Hinreise* zu gehen begonnen hatte. Ihre existenzphilosophische Suche nach der rechten Ausdrucksform des Glaubens führte Sölle zunächst in eine enge Christusnachfolge. Diese Engführung auf Christus löste sich aber schon bald auf, wie wir in *Hinreise* gesehen haben. Andere religiöse Vorbilder werden wichtiger. Diese Entwicklung nimmt jetzt weiter ihren Gang und führt langsam, aber sicher hin zu *Mystik und Widerstand*. Gleichzeitig wird das Politische wichtiger, noch wichtiger müsste man vielleicht sagen. Und es wird weniger auf christliche Grundlagen zurückgeführt. Wie sie sich theologisch von einem zu engen christlichen Denken löst, so löst sie sich auch politisch mehr und mehr davon. Ihr früher christlicher Sozialismus mag noch Ausdruck ihres immanent gedeuteten Reich-Gottes-Denkens gewesen sein. Religion und Bibel werden von nun an aber noch mehr zum Stichwortgeber eines rein gegenwartsbezogenen politischen Aktivismus, der sich noch christlich nennt.

XVI.

Ein zweiter Text, der schildert, wie Dorothee Sölle in New York lebte, ist das *New Yorker Tagebuch,* das 1987 im Pendo Verlag erschien. Sölle veröffentlichte hier regelmäßige Aufzeichnungen aus der Zeit zwischen dem 27.10.1985 und dem 10.12.1985. Das Buch umfasst 139 Seiten und die erste Frage, die mir nach der Lektüre kam, war: Warum hat sie das veröffentlicht? Sölle liebte das Publizieren. Das wird zu jeder Zeit ihres öffentlichen Schaffens deutlich. Wie wir schon sahen, hat sie viele Aufsätze immer wieder publiziert und auch ihre Gedichte, die eigentlich in dünnen Bändchen im kleinen Berliner Wolfgang Fietkau Verlag erschienen, hat sie in unzähligen Textsammlungen wieder und wieder abdrucken lassen. Es scheint auch beim Lesen der Texte oftmals so, als habe sie vieles sehr schnell publiziert und nicht lange darüber nachgedacht, ob sie es veröffentlichen solle und ob es vielleicht schon einen Text von ihr gibt, der Ähnliches sagt oder gar dasselbe oder diesem neuen vielleicht widerspricht. Das hätte aber eben nicht zu ihrer Art von Denken und Schreiben gepasst. Ihr ging es um zeitnahes Erfassen und Formulieren. Sie schrieb immer aus der Zeit für die Zeit und nicht für einen Nachlass oder gar für die Forschung nach ihrem Tod. Es gibt ja durchaus Menschen, die ihren Nachlass schon zu Lebzeiten in wichtige Archive übergeben. Das wäre Sölle völlig fremd gewesen. Sie warf das meiste weg. Daher ist der Nachlass, der im Landeskirchlichen Archiv in Kiel lagert, auch wenig interessant. Es finden sich dort nur vereinzelt Dokumente, die wirklich neuen Aufschluss geben. Aber trotz dieser Publikationslust und der Schnelligkeit in der Gedankenführung, leuchtet nicht ein, warum sie das *New Yorker Tagebuch* veröffentlichte.

Das Buch zeichnet ein Bild von Sölle, das wenig vorteilhaft ist. Sie nimmt die Leserin und den Leser mit in ihr ausgefülltes, schönes, gefragtes Leben in den USA. Das ließe sich noch als eine Art früher Instagram-Post verstehen. Sie zeigt, wie toll sie ist. Aber dabei bleibt das Buch nicht stehen. Denn sie zeigt sich auch von ihrer unsympathischen Seite. Wenn es bei einer Veranstaltung nicht voll genug ist, ist sie beleidigt. Nicht voll heißt in diesem Fall immer noch siebzig Menschen. Sie schiebt die Verantwortung dafür auf die Veranstalter, fragt, ob es an einer Verschiebung gelegen haben könnte, dass so wenige gekommen sind. Dass sie einfach nicht interessant genug sein könnte, kommt ihr nicht in den Sinn. Sie erzählt davon, wie sie auf einer Vortragsreise bei einer Dame untergebracht wird, die offensichtlich nicht weiß, welche Berühmtheit sie hier vor sich hat. Sölle ist beleidigt und stellt sich nicht vor. Der Text im Tagebuch klingt so:

> „Schließlich treffe ich Patty, meine von der Organisation ausgesuchte Gastgeberin, die mich in ihr Haus schleppt. Sie ist Anfang fünfzig, reich, gerade geschieden, unglücklich, redet ununterbrochen und wirkt auf mich entsetzlich, unausstehlich, amerikanisch. Sie weiß nicht das geringste über mich; es ist mir peinlich mich vorzustellen. Bringt mich in ein Superrestaurant und überhäuft mich mit diesem psycho-feministischen Mittelklassegerede."

Es ist von Sölle vielleicht anders gemeint, aber es hört sich hier so an, als ob ein Mitglied des (intellektuellen)

Adels auf die kümmerliche Mittelklasse herabschaut. Sie findet noch mehr Töne der Verachtung, die ich hier nicht zitiere.

Das alles muss man Dorothee Sölle nicht vorwerfen. Wer Erfolg gewöhnt ist, dem werden siebzig Zuhörer eben wenig vorkommen. Wer es gewöhnt ist, dass man ihn erkennt, dem wird es peinlich sein sich vorzustellen. Und eine moralische Bewertung ihrer Person ist hier sowieso nicht mein Anliegen. Gerade die moralische Flexibilität und ihre immer mal wieder durchscheinende Arroganz machen sie interessant. Die Frage war aber, warum sie dieses Buch veröffentlicht hat. Es trägt nichts zu ihrem politischen oder theologischen Denken bei. Es ist reine Selbstzurschaustellung, das Zeichnen eines Lebens im Aktivistinnen-Jet-Set, zwischen Lesung und Predigtreise, im Theater auf dem Broadway und im Restaurant in Greenwich Village, als gefragte Professorin und unkritische Luxuslinke. Es gibt eigentlich nur zwei Erklärungen für die Veröffentlichung: Geldmangel oder bloßer Veröffentlichungsdrang.

Da sie hunderttausende Bücher verkauft und als Professorin mit einem Professor als Ehemann dazu noch über ein gutes regelmäßiges Einkommen verfügt hat, spricht nichts für den ersten Grund. Es wird vielmehr so gewesen sein, dass sie aus innerem Antrieb nicht anders konnte, als auch diese Zeilen zu veröffentlichen. So wie wir gesehen haben, dass es in *Stellvertretung, Phantasie und Gehorsam, Politische Theologie* und *Hinreise* stets um ein theologisch ausformuliertes Suchen nach dem eigenen Weg ging, so geht es hier nun untheologisch um dasselbe. Hinter der Arroganz und der Vielgefragtheit steckt die Unsicherheit über den eigenen Weg. Nun nicht am Beginn eines großen Kapitels ihres Lebens, wie in *Hinreise*, sondern zum Ende eines solchen Kapitels.

Neben dieser biographischen Lesart des *New Yorker Tagebuchs* finden sich darin aber auch Belege für etwas Bedeutendes. Es gibt diesen Ausspruch, der gerne Winston Churchill zugeschrieben wird: „Wer mit 20 Jahren kein Kommunist ist, hat kein Herz. Wer mit 40 noch Kommunist ist, hat keinen Verstand." Er wird gerne dann zitiert, wenn es darum geht, dass Menschen mit zunehmendem Alter die Welt „realistischer" sehen. Bei Sölle war es umgekehrt. Sie war mit 20 Jahren eine national denkende Studentin, die in konservativ-christlichen Kreisen verkehrte. Mit 40 wurde sie im Zuge der 1968er Bewegung als linke Ikone berühmt und gegen Ende ihrer New Yorker Zeit mit beinahe 60 Jahren war sie radikaler denn je. Das zeigt sich auch im Tagebuch. Eine Szene macht das besonders deutlich. Sie berichtet unter dem Datum des 30.10.1985 davon, dass sie an einem Gottesdienst teilgenommen habe, bei dem Frauen die Dinge verbrennen sollten, die sie bedrücken. Eine Frau habe ein episkopalisches Gebetsbuch verbrannt. Sölle und andere seien geschockt gewesen, denn sie haben an die Nationalsozialisten denken müssen. Die anschließende Diskussion sei dennoch gut gewesen. Dann schreibt Sölle: „Trotzdem war ich deprimiert. Denn während der Diskussion fiel mir wieder ein, dass ich eigentlich die US-Fahne als größtes Symbol der Unterdrückung mitbringen wollte, um sie zu verbrennen."

Sölle ist hart und ungerecht in ihrem Urteil. Das wird auch hier deutlich. Sie regt sich auf, über die Frau, die ein Buch verbrennt, will aber selbst eine Fahne verbrennen, denkt bei der Frau an die Nationalsozialisten, aber bei sich selbst nicht an etwas Verwerfliches – immerhin will sie die Fahne des Landes verbrennen, das entscheidend dazu beigetragen hat, Deutschland von den Nationalsozialisten zu befreien. Dass sie in ihrem Anti-Amerikanismus über das Ziel hinausschießt, zeigt sich in ihrem Tagebuch an vielen Stellen. Sie wirft den USA vor, ein Staat zu sein, der unterdrückt und keine freie Rede zulässt, aber verfasst diese Worte in den USA, ohne dafür belangt zu werden, ja sogar als gut bezahlte Professorin an einer US-Hochschule. Aus der Perspektive von heute erinnert Sölles Verhalten und ihr Umgang mit der Geschichte und mit politischen Ereignissen an Querdenker, Verschwörungstheoretiker oder zumindest die Verbreiter von Fake-News. Es ist ihr nicht wichtig, ob das, was sie sagt, wirklich stimmt, es kommt auf den Effekt an und darauf, dass es ihre Sache voranbringt. Das wird an einem letzten Beispiel aus dem *New Yorker Tagebuch* deutlich, aber noch viel mehr aus einem anderen Text, der aus der gleichen Zeit stammt und den ich gleich besprechen werde. Doch zunächst noch einmal Sölle im Tagebuch, wo sie an einer Stelle über einen Prozess gegen Mitglieder einer Art Kirchenaysl-Bewegung in den USA berichtet. Sie schreibt: „Der Prozess ist für einen Tag ausgesetzt. Richter Reyno erinnert an Eichmann: das Böse hat seine eigene Banalität." Nicht nur, dass sie hiermit den Holocaust relativiert, indem sie Eichmann mit einem Richter aus Arizona vergleicht, der nicht hunderttausende Menschen in den Tod schickt, sondern einen Prozess gegen Mitglieder einer Hilfsorganisation führt, denen vielleicht unverständlicherweise Gefängnis für ihre Arbeit droht, aber sicher nicht die Gaskammer. Sie will die Pointe um jeden Preis. Das zeigte sich schon zu früheren Zeiten, wenn sie ihr theologisch mittelspannendes Buch *Stellvertretung*, in dem es um eine nach-theistische Theologie geht, mit *Ein*

Kapitel Theologie nach dem Tode Gottes überschreibt. Das zeigt sich auch jetzt und zeigt sich in anderen Texten aus der Mitte der 1980er Jahre noch deutlicher.

XVII.

Im Jahr 1986 erschien im Peter Hammer Verlag Wuppertal Sölles Buch *Ein Volk ohne Vision geht zugrunde*. Sölle schreibt hier über Deutschland. Deutschland ist das Land ohne Vision, dem sie eine neue Vision ausmalen möchte. Die aktuelle Lage Deutschlands ist für Sölle katastrophal. Sie schreibt:

> „Und so, wie Paulus die Macht der Sünde erst erkennen und benennen konnte von einem Punkt der inneren Freiheit aus, der in der Bibel ‚Glauben' genannt wird, so ist auch unsere heutige Todeserfahrung und Erkenntnis des Krieges, in dem wir gegen alles leben, nur möglich aus einer anderen Kraft, die uns zum Widerstand befähigt. Ohne Vision gehen wir in der Tat zugrunde, werden wir ‚wild und wüst', willigen wir bewusstlos ein in das Projekt des über uns herrschenden Todes, das sich selbstredend wie jene römische imperiale Ordnung gern mit anderen Wörtern drapiert: Die geglückte Unterwerfung nannten die Römer ‚Befriedung', das Weltsystem der wirtschaftlichen Ausplünderung der armen Völker mit Hilfe des Militärapparats trug den schönen Namen pax romana."

Das neue römische Imperium ist die USA und das „Projekt des über uns herrschenden Todes" ist der US-amerikanische Kapitalismus. Beides habe Deutschland zerstört. Denn im Deutschland nach 1945, das Sölle in diesem Buch in einer Weise *feiert*, die an ihre frühe nationalistische Phase erinnert, habe es eine Vision gegeben. Diese sei „Nie wieder Krieg!" und „Nie wieder Faschismus!" gewesen. Aber schon die Adenauerregierung habe diese Vision zerstört. Wie Esau das Erstgeburtsrecht für eine Linsensuppe verkauft hat, so habe die junge Bundesrepublik ihre Vision gegen Geld getauscht. Der Preis für den wirtschaftlichen Aufschwung sei die Remilitarisierung und die Integration in das westliche Militärbündnis gewesen. Schon in diesen ersten Gedanken zu Deutschland entlarvt sich Sölles perfider Blick auf ihr Heimatland. Nicht bewusst, oder zumindest nicht explizit, aber unterschwellig wird Deutschland von ihr als die große Kulturnation verstanden, die zwar den Nationalsozialismus hervorgebracht habe und damit ein schlimmes, schreckliches Verbrechen, die danach aber vom kapitalistischen System des Westens in eine aggressive Haltung gegen die eigentlich friedliche und gute Denkweise des Ostens gezwungen wurde. Deutschland konnte keinen eigenen Weg gehen. West-Deutschland war von 1945 an ein Vasallenstaat der USA. Hätte man Deutschland seinen eigenen Weg gehen lassen, dann wäre es friedlich geworden, neutral und entmilitarisiert. Deutschland ist eigentlich etwas Gutes in dieser Argumentation. Es gab zwar 1933 bis 1945 und das war schrecklich, aber eben nur ein schrecklicher Ausrutscher. Seitdem wird Deutschland von den Nachfolgern der Nationalsozialisten, die für Sölle in Washington sitzen, benutzt und davon abgehalten, den eigenen friedlichen Weg zu gehen.

Es lohnt sich, Sölles Thesen noch ein wenig detaillierter zu verfolgen. Gerade aus der Perspektive des Jahres 2023, in dem ein solcher Blick auf die Geschichte Deutschlands, der untergründig immer präsent war, wieder lauter geäußert wird, ist Sölles Deutschlandbild interessant. Es geht hier aber nicht um einen Blick auf die gegenwärtige Politik, und bei aller Versuchung, Sölles Thesen auf die Gegenwart zu beziehen, will ich das nicht tun. Aber der Blick auf Sölles Deutschlandbild von 1986 trägt auch etwas zu unserem Vorhaben bei, Sölles Denkweg zu verstehen. Denn es scheint hier deutlich durch, wie ungerecht sie war im Kämpfen für das, was sie gerecht fand, und wie sie trotz der intensiven biographisch-publizistischen Auseinandersetzung mit der nationalsozialistischen Vergangenheit Deutschlands und ihrer eigenen Herkunft keinen guten Weg gefunden hat, damit umzugehen. Sölle schrieb in ihrem letzten, erst postum als Fragment veröffentlichten Buch *Mystik des Todes*: „Ich bin in den letzten fünfzehn Jahren immer jüdischer geworden. Das bedeutet für mich nicht einen Rückfall in die autoritären Formen der Religion, wohl aber eine Wahrnehmung der Aufarbeitung einer Nach-Auschwitz-Theologie an verschiedenen Stellen." Gerade vor dem Hintergrund des Buches *Ein Land ohne Vision geht zugrunde* erscheinen diese Sätze als Ausdruck eines lediglich die eigene Seele beruhigenden Umgangs mit dem Jüdischen.

Doch nun zurück zu Sölles Argumentation von 1986. Nachdem sie die Bedeutung einer Vision für ein Land geschildert und untermauert hat, wendet sie sich dem Begriff des „Volkes" zu. Sie erkennt an, dass den Deutschen der Begriff des Volkes abhandengekommen ist. Der Nationalsozialismus habe das bewirkt und damit „jede Form von Nationalgefühl, vom Bewußtsein, Teil eines Ganzen zu sein, das wir Nation nennen" zerstört. Das allerdings ist für sie keine gute Nachricht. Das Nationalgefühl fehlt ihr. Die neue Generation, die per Interrail durch Europa fahre, habe jedes Bewusstsein für das Nationale verloren. Schuld daran ist nach Sölle der „Konsumismus", also wieder ein westlicher Kapitalismus, der, das ist der Unterton, den Deutschen anerzogen werden musste. Es scheint hier durch, dass Sölle den Deutschen wünscht, sich auf ihr Eigenes zu besinnen. Denn dieses Deutsche scheint bei ihr, trotz des Nationalsozialismus, etwas Gutes zu sein. Die Richtung der Argumentation ist deutlich: Die USA haben die Schwäche Deutschlands nach 1945 ausgenutzt, um der starken und selbstbewussten Kulturnation Deutschland ihr kapitalistisches Weltmodell aufzudrücken, welches eigentlich nicht zu Deutschland passt.

Sölle erblickt jedoch Hoffnung, denn die Deutschen ließen nicht mehr alles mit sich machen. „Mit Beginn der 80er Jahre hat sich das geändert. Westdeutsche nahmen plötzlich wahr, daß sie in einem ‚besetzten Land' leben, ein Faktum, das lange Zeit gar nicht aufgefallen war." Diese Beschreibung Deutschlands als Kolonie der USA durchzieht das ganze Buch. Sie erinnert heute an die Thesen der sogenannten Reichsbürger. Vor allem, wenn noch folgender Gedankengang hinzugenommen wird, der bei Sölle 1986 zur Koloniethese dazugehört: „Wieviel Selbstbestimmung gibt es in einem Land ohne Friedensvertrag?" Deutschland, das Land ohne Friedensvertrag, das seit 1945 als Vasall des Washingtoner Imperiums gehalten wird.

Sölle beschwört in der Friedensbewegung und dem Widerstand gegen den Kapitalismus ein deutsches Aufbegehren gegen die US-Hegemonie, die für sie nichts anderes ist als, jetzt kommt die wirklich geschichtsverdrehende Pointe, der neue Nationalsozialismus. Nicht nur, dass das US-amerikanische System tödlich und aggressiv wie die Nationalsozialisten sei, sie vergleicht die Toten, die der Kapitalismus auf dem Gewissen habe, auch gleich mit den Toten in den KZs der Nationalsozialisten. So schreibt sie:

> „Es gibt heute ganze Schulklassen, die verwirrt und fassungslos vor den Fotos und den Dokumenten von Bergen-Belsen stehen. Wie konnte das geschehen? fragen sie. Manchmal denke ich, daß am Ende des Jahrhunderts etwas Ähnliches möglich sein wird; ganze Schulklassen, die vor den Fotos des Hungerelends in Indien und Afrika stehen und fragen: Wie konnte das geschehen? Wie konnten die – gemeint sind: wir – das alles ertragen und immer weiterrüsten?"

Deutschland macht sich hier mitschuldig, aber nicht aus eigenen Stücken! Das ist der Ton des ganzen Buches. Denn Deutschland, das ist für Sölle nicht das Deutschland der Zeit von 1933 bis 1945. Hier spricht sie vom Nationalsozialismus oder der „deutschen Katastrophe". Deutschland ist für sie das Land Hölderlins. Ja, es ist tatsächlich Hölderlin, der von ihr hier angeführt wird. Als hätten nicht schon Heidegger und unzählige andere Deutsche ihn angeführt als das, was Deutschland eigentlich ausmacht. Sie schreibt:

> „Ich erinnere mich an ein Gespräch, in dem ich einigen jungen amerikanischen Studenten zu erklären versuchte, wer Hölderlin war. Plötzlich fühlte ich mich überwältigt von Dankbarkeit und Glück; Reichtum meiner Kultur trat plötzlich aus dem Schatten der Geschichte heraus und holte mich ein. Ich wußte wieder, warum ich mein Land lieben kann und warum ich es beschützen will ... ."

Es ließen sich noch viele Beispiele aus diesem Buch anfügen, die das Gesagte allerdings nur verstärken würden, ohne ihm noch etwas Qualitatives hinzuzufügen.

Sölle vergleicht die USA mit dem Deutschland der Nationalsozialisten, sie vergleicht den Kapitalismus und seine Toten mit dem Holocaust. Der Holocaust ist für sie keineswegs etwas Einmaliges. Die Toten im Südafrika der Apartheit sind ebenso ein Holocaust wie die Pläne der US-Armee die Welt in einen atomaren Holocaust zu führen drohen. Die Bundesrepublik wird als Kolonie (ohne Friedensvertrag!) dazu gedrängt, sich diesem kapitalistischen Schreckensregime anzudienen. Als Druckmittel diente von 1945 an das Geld. Aber die westdeutsche Politik ist nach Sölle sowieso nicht frei. Sie steht unter einer ebensolchen Fuchtel wie die ostdeutsche, nur die Ziele der Kolonialisten (Kapitalismus) sind im Westen schlimm, während sie im Osten (Kommunismus) eigentlich gut sind.

Sölle baut dann alle möglichen aktuellen politischen Diskussionen in den Text ein. Von Nach- oder Aufrüstung, je nachdem wie man pointieren will, über Lateinamerika und die US-Interventionen dort, bis hin zum 1986 gerade sehr aktuellen Thema der Strategic Defense Initiative (SDI), einem Projekt der Reagan-Regierung, zum Aufbau eines Abwehrschirms gegen Interkontinentalraketen, das „Krieg der Sterne" genannt wurde. Alle diese Themen dienen dazu, schildern, dass die USA und der Kapitalismus das Böse sind. Es ist an den meisten Stellen kein religiöses Buch. Allerdings macht Sölle ja schon mit dem Titel des Buches (*Ein Land ohne Vision geht zugrunde*), den sie auf ein biblisches Zitat aus dem Buch der Sprüche (Sprüche 29,19) zurückführt, deutlich, dass sie ihrer ganzen Ausführung durchaus eine religiöse Note verleihen möchte. Sölle bezieht sich hier offenbar auf eine neuere englischsprachige Bibelübersetzung, in der von *Vision* statt *Offenbarung,* wie es in den deutschen Übersetzungen meist heißt, die Rede ist. Diese religiöse Note bringt sie dann vor allem im letzten Kapitel auf den Punkt. Es ist Sölles Lebensthese vom Glauben, der ihr den Weg in die richtige Richtung weist und sie auf den komplizierten, verschlungenen Lebenswegen am richtigen Ort sein lässt. Wir hatten sie schon als Sprung in den Glauben, als Phantasie in *Phantasie und Gehorsam*, als *Hinreise* und nun nennt sie es „das Element gegenwärtiger, absoluter Gewißheit, das Bewußtsein der Nähe Gottes". Es ist eine religiös aufgeladene politische Vision, die Sölle als „dem Volk" notwendig beschreibt. Es ist auch in diesem Buch über Deutschland wieder die sehr persönliche Auseinandersetzung mit dem eigenen Weg, die im Hintergrund steht. Sölle fühlt sich durch die Erfahrung der Gegenwart Gottes getragen, beflügelt, die Aufgaben, die sie sich gestellt sieht, anzugehen. Sie schreibt im letzten Kapitel: „Gerade in der apokalyptischen Verfinsterung der letzten Jahre, in dem mörderischen Krieg gegen die kleinen Völker Zentralamerikas, nach Tschernobyl und vor dem Krieg der Sterne, ist mir immer deutlicher geworden, wie sehr ich vom Hier und Jetzt der Gewißheit Gottes lebe, dieser Präsenz, über die zu sprechen wir uns so schwer tun." Sölle beschreibt sich selbst als abhängig von der Gewissheit Gottes. Doch diese Gewissheit, die sie vorher auch „Gegenwart" genannt hat, soll nicht wie es manche mystischen Traditionen meinen, in die Vereinsamung und Weltabgewandtheit führen. Sie führt Sölle, das ist hier die Pointe, in den Widerstand. So taucht im Buch über Deutschland bereits die These auf, die uns gleich im Kapitel zu ihrem großen letzten Buch *Mystik und Widerstand* beschäftigen soll. Die Gegenwart Gottes wird von ihr dann weiter als „inneres Licht" beschrieben, als treibende Kraft im Leben. Doch was hat dieses innere Empfinden der Gegenwart Gottes mit dem „Land ohne Vision" zu tun? Das zieht Sölle folgendermaßen aus:

> „Darum ist es nicht genug, sich zur Wissensverteilung und Vorbereitung von Aktion zu versammeln. Die Einübung in den Widerstand braucht ein Mittelglied, das die Überwindung der Ohnmacht bedeutet und uns an eine andere Form von Macht als die, die über uns herrscht, anschließt. Wir brauchen eine Ermutigung, die über unseren Mut hinausgeht, eine Wahrheitsvergewisserung, die über die Stückchen Wahrheit, die wir als befreiend erleben, hinausleuchtet. Wir brauchen die Gemeinschaft derer, die ihr Leben als Christen im Widerstand begriffen haben, der Ohnmacht zum Trotz."

Auf sie persönlich bezogen leuchtet Sölles Postulat ein. Sie, Sölle, braucht für den Mut, den das Leben von ihr erfordert, eine zusätzliche, religiöse „Wahrheitsvergewisserung". Das haben wir immer wieder in ihrem Werk und Leben beobachten können. Aber brauchen alle anderen diese auch? Nein, das galt damals nicht und das gilt heute noch viel weniger. Es geht nicht um die „Wahrheitsvergewisserung", die brauchen Menschen, die Widerstand leisten. Aber warum diese mystisch oder christlich sein muss, das erschließt sich außerhalb von Sölles eigenem Leben nicht. Die Verbindung von Mystik und Widerstand mag als Sölles Lebensthese einleuchten, sie war aber niemals mehr als das. Es gibt und gab immer Widerstand ohne Mystik und Mystik ohne Widerstand. Und es ist auch gar nicht klar, dass Sölle hier wirklich verallgemeinern will, was sie für sich selbst erkannt hat. Es scheint vielmehr so, als würde ihr Argument hier äquivalent zum berühmten Verdauungsbeschwerden-Argument aus dem Klassiker der Religionswissenschaft des 20. Jahrhunderts, aus Rudolf Ottos „das Heilige", funktionieren. Otto unternimmt es dort, religiöse Erfahrung mit den Mitteln der Geisteswissenschaft auf den Grund zu gehen. Doch er sagt an einer Stelle beinahe warnend, „wer sich zwar auf seine Pubertätsgefühle, Verdauungsstockungen oder Sozialgefühle besinnen kann, auf eigentümlich religiöse Gefühle aber nicht, mit dem ist es schwierig Religionskunde zu treiben". Gleiches gilt, könnte man sagen, auch für Sölles Buch, ja für Sölles Lebenstheorie des Zusammenhangs von dem, was sie mal Phantasie, mal Gottesgewissheit, mal Mystik nennt, und dem politischen Engagement, das sie als Widerstand bezeichnet. Wer diesen Zusammenhang nicht kennt, dem ist er schwer nahezubringen. Aber ihr Erfolg zeigt, dass es genug Menschen gab, die diesen Zusammenhang erkannt und am eigenen Leib erspürt haben, ohne dass daraus folgen würde, er sei auf alle Menschen zu verallgemeinern.

XVIII.

Dieser Essay über Dorothee Sölles Denkweg geht dem Ende entgegen. Es war ein persönlicher Essay. Persönlich, weil er Sölle nicht als abstrakte Denkerin wahrnehmen will, sondern als Person in all ihren Widersprüchen, die sich bis in ihre Texte hineinziehen. Die biographische Grundthese ist, dass es in Sölles theologischem Werk um Selbstfindung geht. Sie schaffte das auf eine Weise, die andere Menschen gerne und mit dem Gefühl persönlichen Gewinns mitvollzogen haben. Ihre Suche nach sich selbst in Form von theologischen Texten war, wie der Titel ihres ersten großen Buches, eben Stellvertretung, nicht Ersatz. Weil ich sie in dieser Weise darstellen wollte, habe ich gezielt die Schriften ausgewählt, die diesem Ansatz dienen. Es ist kein wissenschaftliches Buch, das die „wahre Sölle" hervorbringen soll. Es ist vielmehr meine Auseinandersetzung mit ihr und noch viel mehr mit ihren Schriften. Sicher sind auch andere Spurensuchen möglich. Auf meiner Spur allerdings kommen wir nun noch an zwei Schriften vorbei, die ich als Texte des Abschiednehmens deute. Sölle war 1929 geboren worden. Mit Anfang Sechzig wird sie schwer krank und überall heißt es, dass diese Krankheit ein schwerer Einschnitt ist. Renate Wind schreibt dazu: „Im Sommer 1993 wird Dorothee schwer krank, ist tagelang nicht bei Bewusstsein. Danach kommen die Themen ‚leichter werden' und ‚die Langsamkeit akzeptieren' in ihr Leben." Wind beschreibt, wie dieser Einschnitt Sölles Leben verändert hat. Sie habe ein engeres Verhältnis zu ihren Kindern entwickelt und sei mit Fulbert Steffensky zu einem alten Ehepaar geworden.

Nochmal Wind: „Die beiden alten Liebenden sieht man nun immer öfter bei gemeinsamen Auftritten, gut inszenierten Streitgesprächen und Dialogpredigten. Sie haben ihr eigenes Zimmer und ihren eigenen Schreibtisch, aber manchmal kommt Dorothee bei ‚Steff' einfach rein und sagt: ‚Ich will nur ein bisschen stören.'"

Zur Vorbereitung auf dieses Buch führte der Weg auch zu Fulbert Steffensky. Er lebt zusammen mit seiner Lebensgefährtin heute in Luzern, in einer hellen Wohnung, keine zehn Gehminuten vom Vierwaldstätter See entfernt. Auf dem Weg dorthin kommt der Widerspruch vom Anfang wieder auf. In die Schweiz fahren, um etwas über Dorothee Sölle herauszufinden? Nach Luzern, wo sich die Luxushotels am Seeufer aufreihen, wo wenig Steuern gezahlt werden und Menschen wohnen, um in Ruhe reich sein zu können? Sie, die für die Armen gekämpft hat, hat Spuren auch dort hinterlassen, wo man die Armut mit der Lupe suchen muss. Während die badische Landschaft vorbeiraste und aufgrund der Geschwindigkeit des ICEs nur Schemen zu erkennen waren, rasten in meinem Kopf die verschiedenen Eindrücke hin und her. Sölles Verbindung zur Schweiz war auch direkt und nicht nur über den Umweg des neuen Lebensortes ihres Ehemanns zu finden. Die Zeitschrift „Neue Wege", eine echte Schweizer Traditionsschrift mit über 100-jähriger Geschichte und dem Untertitel „Religion. Sozialismus. Kritik", wollte von mir einen Text zu Sölle. Sölle selbst hatte nicht selten dort publiziert. Schweizer Sozialisten, na klar, auch so etwas gibt es, so wie es auch einmal diesen Vorsitzenden der Partei Die Linke, Klaus Ernst, gab, der demonstrativ im Porsche herumfuhr. Persönlicher Reichtum und Einsatz für den Sozialismus, beides schließt sich nicht aus. Es scheint ein Widerspruch zu sein, aber vielleicht scheint es auch nur so. Es ist ein Sowohl-als-auch. Umverteilung anzustreben heißt nicht, sofort persönlich damit zu beginnen. Wer vor allem für Strukturveränderung zur Weltverbesserung ist, fängt damit selten bei sich an.

Das Sowohl-als-auch hat viel mit Sölles Leben und Denken zu tun, deswegen passt die Schweiz auch nicht schlecht zu ihr. Im Jahr ihrer Krankheit, nur ein paar Monate vorher, erschien ein schmales Buch, das sie zusammen mit Fulbert Steffensky und dem katholischen Theologen Kuno Füssel herausgegeben hat. Dieses Buch trägt den passenden Titel *Die Sowohl-als-auch-Falle. Eine theologische Kritik des Postmodernismus.* Der sprechende Titel sagt fast alles über den Inhalt. In Sölles Text gelingt ihr das Kunststück, innerhalb von vier Buchseiten argumentativ von einer Frau, die mehr Toleranz gegenüber Andersdenkenden fordert, zu einem SS-Mann zu kommen, den man nicht mit seinem Opfer verwechseln dürfe. Beides lehnt sie ab. Von Seite 13 bis 16 von der Toleranz zur SS. Sölle fordert hier ein Entweder-oder und kein Sowohl-als-auch, aber selbst war sie eben doch Letzteres.

Fulbert Steffensky ist ein weiser alter Mann. Er redete voll liebevoller Zuneigung von seiner verstorbenen Frau, ohne dabei ihre Schwächen auszublenden. Das zeigt sich auch in einem Text, den er anlässlich des 20. Todestages für die Zeitschrift Herder Korrespondenz geschrieben hat:

„In ihrer Lust am Entweder-oder hatte sie wenig Verständnis für Schwanken, Bedenken, Zögern, Einwände gegen sich selbst; für die Fähigkeit, Kompromisse zu denken und einzugehen. So war sie kritisch bis feindselig jeder

Liberalität gegenüber. Dass ihr jeder faule und entscheidungsunfähige Liberalismus fremd war, versteht sich von selbst und ist eine ihrer Stärken. Aber in diesen Topf warf sie gelegentlich jede lebensrettende und humane Liberalität, und damit konnte sie scharf und ungerecht sein."

Im schon erwähnten Buch über den Postmodernismus beschreibt Sölle, wie sie per Telefon gefragt wird, was sie einem Atheisten sagen würde. Ihre Antwort ist, dass ihm etwas fehle, nämlich der Hunger und Durst nach dem Reich Gottes. Aber genau diesen Hunger habe der Mann ja gar nicht, erwidert die Anruferin. Und das sei ihm vorzuwerfen, sagt Sölle. Denn er meine, Gott sei überflüssig, weil er sich schon sattgegessen habe. Daraufhin erwidert die Anruferin, dass Sölle ja wohl intolerant sei, weil sie den Mann nicht nehme, wie er sei. Nach dieser Beschreibung gibt Sölle ihre Interpretation des Geschehens:

> „Der einzige Wert, so kam es mir vor, der wichtig und unantastbar ist, ist der der Toleranz. Die größte Sünde ist es, einen anderen auszugrenzen oder auszuschließen. Maßstäbe, nach denen man einen anderen Ansatz als falsch oder gefährlich oder selbstzerstörerisch beurteilen könnte, gibt es nicht. Das Entweder/Oder von Glauben und Unglauben soll dem Sowohl-als-auch weichen, wir müssen gar nicht zwischen verschiedenen Optionen wählen, wir sollen sie nur nebeneinander bestehen lassen, es ist schließlich alles möglich."

Sölle lehnt anschließend den Poststrukturalismus und die Dekonstruktion ab, ohne näher auf deren Thesen einzugehen. Dann kommt sie zurück zum Begriff der

Toleranz. Es gebe einen aufklärerischen Toleranzbegriff und einen postmodernen. Die Unterscheidung sieht sie im Umgang mit der „Wahrheit". In der Aufklärung würde Wahrheit vorausgesetzt. Eine Wahrheit, die vielleicht nicht erkennbar, aber suchbar und vor allem, das ist ihre alte Pointe, praktisch gelingen könne. Philosophie wird so für Sölle zur Suche nach der Wahrheit im Bewusstsein, dass es diese nur praktisch geben könne. Inwiefern das nun auf die aufklärerische Philosophie allgemein zutrifft, sei dahingestellt. Das ist für Sölle sowieso nie ein Kriterium gewesen. Sie möchte etwas zeigen und sucht einen Weg. Sie schreibt jedenfalls, dass sich aus diesem Umgang mit der Wahrheit ergebe, dass Toleranz „sich [ergibt] aus dem Respekt vor der vielleicht unerkennbaren, aber praktisch bezeugbaren Wahrheit". Toleranz gibt es also nicht, weil die Menschen unterschiedlich sind und das anzuerkennen ist, sondern nur, weil die eigene Wahrheitserkenntnis unter einem Fehlervorbehalt steht. Toleranz ist somit für Sölle nur ein notwendiges Übel. Die Postmoderne nun ist für Sölle geprägt von „radikaler Pluralität". Diese werde in der Postmoderne aber nicht als Übel anerkannt, sondern affirmiert. Sölle: „An die Stelle der einen Wahrheit treten die nicht-verknüpften Wahrheiten, an die Stelle der Identität tritt die Diversität und das Denken in Differenzen." Welterklärung werde nicht mehr gegeben. Eine von allen annehmbare gebe es nicht mehr.

Die Themen, die hier verhandelt werden, kennen wir alle aus ihren frühen, prägenden Schriften: die praktische Wahrheit (*Die Wahrheit ist konkret*), die zur Identität führen kann (*Stellvertretung* und *Hinreise*). Sölle nimmt hier ihre Lebensthemen und bringt sie für eine Kritik ihrer Gegenwart 1993 wieder in Stellung. Sie ist dabei nicht daran interessiert, die Gründe für die andere Position anzuerkennen. Das führt dann zum schon erwähnten Beispiel des SS-Mannes. Sie vermisst Werte, die für alle gelten sollen, und merkt an, dass ohne solche Werte die Differenz zwischen einem SS-Mann und seinem Opfer verwischt würde. Schließlich spitzt sie diesen Punkt noch einmal zu, indem sie schreibt: „Anders gesagt, wenn ich aufgrund der jüdischen und christlichen Denkart die Partei der Opfer ergreife, so bin ich schon an der Grenze zur Intoleranz!"

Noch einmal zurück nach Luzern. Im Januar des Jahres 2023 öffnete sich die Tür der Erdgeschosswohnung unweit des Sees und Fulbert Steffensky bot einen Platz auf seinem Sofa an – mit Blick in Richtung Wasser, das aber nur ganz im Hintergrund erahnt werden konnte. Hohes Alter erlaubt den Blick auf die Vergangenheit aus größerer Entfernung und dennoch aus eigener Erfahrung. Im besten Fall entsteht so eine distanzierte und dennoch involvierte Rückschau. Steffensky, das hatten wir schon, spricht liebevoll von seiner Frau, die er schon zwanzig Jahre überlebt hat. Und er ist im Urteil hart, weil er sie liebte – wie er sagt.

Sölles Bücher seien kaum von großer Systematik, es seien eher Gelegenheitsbücher. Doch was macht eigentlich ihre Bücher aus? So dass man sie auch so viele Jahre nach ihrem Entstehen noch lesen sollte? So ein Fragen ist Steffensky fremd. Er überlegt und erzählt dann, dass es für ihn eher eine Auszeichnung ist, wenn ein Mensch schon lange tot ist. Das mache seine Bücher doch interessanter. Dieses kaufmännische Verwertungsdenken, dass alles etwas Bestimmtes austragen solle, habe Dorothee Sölle immer eher kritisiert. Wenn die Texte alt und fremd sind, dann haben sie eine größere Chance, etwas Neues auszulösen. Das ist seine Überzeugung. Denn die eigene Welt kenne jeder sowieso. In diesem Sinne ist Sölles Text- und Denkwelt eine fremde Welt, die die Nachgeborenen dadurch reizen könne, dass sie so fremd ist.

Und fremd ist vieles ja wirklich. Die Auseinandersetzung mit der Postmoderne ist gerade in heutiger Zeit fremd. Oder anders gesagt, sie wird zumindest den jungen, sich selbst als progressiv verstehenden Menschen fremd sein, die sich heute wieder auf Sölle berufen wollen. Dass Sölle hier ausgerechnet „Diversität" als das Wort ausmacht, das die Verwerflichkeit dieses Denkens zeige, zeigt ihr sehr gutes Gespür. „Diversity" hat es heute sogar schon bis zu Germanys Next Topmodel geschafft und wird selbst von Heidi Klum als Modell der Zukunft gesehen – und Klum ist sicher keine Speerspitze des aufgeklärten Denkens. Wobei hier das Wahrheitsmoment in Sölles früher Diversity-Kritik liegt. Sie sieht die Postmoderne vor allem als Projekt des Kapitalismus, Diversity, oder in ihren Worten, Diversität als Verkaufsmodell. Überhaupt, dass sie 1993 bereits über Diversity nachdenkt, zeigt wieder einmal ihr Gespür für die Themen, die noch wichtig werden. Und dennoch bleibt die radikale Ablehnung dieses zeitgenössischen Denkens fremd. Dass sie auf einer Wahrheit beharrt, die irgendwie im Hintergrund verdeckt, aber vorhanden liegt, und daher alle Versuche, die faktisch vorhandene Diversität als gut anzuerkennen, diskreditiert, ist schon fremd. Dass aber die Lösung, die Rückkehr von der Diversität zur Identität durch den Weg des Christentums führen soll, ist völlig fremd. Sölle war einfach fromm, wie es Steffensky beschreibt. Für sie war die Kraft des christlichen Glaubens nicht ausweisbar. Sölle spürte ihn, das haben wir in den verschiedensten Lebensphasen immer wieder gesehen, und das machte ihn für sie unfraglich. Das Christentum war für sie der Weg und die Wahrheit und das Leben.

Steffensky vermittelt den Eindruck, dass die Gabe der Pointensetzung und Themenfrüherkennung intuitionistisch war. Er beschreibt Sölle als merkwürdig unbedacht. Sie habe sich selbst nicht bedacht in vielen Dingen. Und sie habe sich auch nicht kontrolliert, was zu Ungerechtigkeit geführt habe. Es entsteht der Eindruck, Steffensky war die Absolutheit in der Weltanschauung seiner Frau oftmals zu viel. Sie habe alles, was liberal gewesen sei, kritisiert und das sei ein Verlust an Stärke gewesen. Denn zu Stärke gehöre auch Zweifel – den sie nicht hatte. Dass sie diesen nicht hatte, sagt er zwar nicht so direkt, aber es wäre die schlüssige Fortführung des Gedankengangs. Außerdem habe sie immer und gerne Parabeln des Untergangs gemalt und sich dabei manchmal in düstere Totalitäten begeben. In der Familie habe es deswegen einen Witz gegeben. Immer wenn Dorothee Sölle wieder mit einem ihrer Feindbilder angefangen habe, hätten die Kinder gespottet: Jetzt kommen gleich wieder die Amerikaner.

Aber Sölle war eben absolut. In ihrer Ablehnung gegenüber dem Kapitalismus genauso wie in ihrer Zustimmung zum Sozialismus. Aber wie war das mit der Kritik am Sozialismus? Wenn sie so ein Gespür für die Ungerechtigkeit hatte, warum findet sich dann bei ihr so gut wie nichts zu diesem Thema? Das habe seine Frau richtig ausgeblendet, sagt Steffensky. Bei jeder Sozialismuskritik habe sie immer gesagt, das gehe nicht, denn das komme von denen, die nicht auf unserer Seite stehen. Er, Steffensky, habe entgegnet: Wir können nicht

80 Kilometer von Hamburg entfernt aufhören mit der Kritik. Und wenn es dann Streit gab, dann habe Dorothee Sölle gar nicht merken wollen, dass es Streit ist.

XIX.

Dorothee Sölle hat *Mystik und Widerstand* als ihr Hauptwerk angesehen. Die Schriften von Sölle sind „Gelegenheitsbücher" – um den Begriff von Fulbert Steffensky zu verwenden. Sie haben nicht alle das eine Thema. Mal geht es um die Frage nach einer nach-theistischen Theologie, mal um Ethik, mal um Rudolf Bultmann, mal geht es um die Postmoderne. Immer aber geht es um sie selbst. Das ist die These dieses kurzen Essays, und so wollen wir sehen, ob die schriftliche Auseinandersetzung mit dem eigenen Lebensweg hier in ihrem Hauptwerk einen Höhepunkt findet.

Dass es immer um sie selbst geht, ist nicht verwunderlich. Wer schreibt nicht über sich selbst? Lässt sich Luthers „Von der Freiheit eines Christenmenschen" lesen, ohne dabei an Luther und dessen zwischen Obrigkeitstreue und Freiheitsdrang, zwischen Demut und Geltungssucht changierende Persönlichkeit zu denken? Ja, natürlich geht das. Aber was lerne ich, wenn ich es doch mache? Vielleicht nicht das Bessere, aber zumindest etwas anderes. Wie ist es mit Thomas und seiner „Summa Theologiae", wie mit Schleiermacher und seiner „Glaubenslehre"? Sagt Schleiermachers These davon, dass der Ursprung der Religion in einem „Gefühl der schlechthinnigen Abhängigkeit" liegt, mehr über ihn oder über die Religion aus? Oder, um noch ein letztes prominentes Beispiel aus der protestantischen Theologiegeschichte zu nehmen, wie ist es mit Rudolf Otto und seinem „Mysterium tremendum"? Wie oft ist er wohl erzittert im Angesicht des Geheimnisses, das für ihn ein Ausweis des Göttlichen war? Es geht nicht um

Küchenpsychologie. Es geht darum, wie sich der Blick auf ein Werk ändert und wie sich die eigene Denkbewegung, die von diesem Werk im besten Falle initiiert wird, entwickelt, wenn das Persönliche im Gedankengang aufgespürt ist. Es ist natürlich nicht leicht, das Persönliche des Autors vom Eigenen zu trennen. Jeder Akt des Verstehens verläuft zirkulär. Das hatten wir vorhin schon. Diese Erkenntnis führt natürlich nicht zum Aufgeben des eigenen Verstehensversuchs, aber im besten Falle zu größerer Sensibilität für die Grenzen des Verstehens.

In diesem Sinne haben wir uns auf die Spur von Dorothee Sölle begeben und sind hier angelangt. *Mystik und Widerstand* – was meint Sölle mit Mystik, wenn sie davon spricht, und was mit Widerstand? Beide Motive haben wir immer wieder getroffen. Vom kierkegaardschen Sprung in den Glauben bis zur durchaus monumentalen Ausbreitung der Gedanken so unterschiedlicher Gestalten wie Martin Buber, Henry David Thoreau, den biblischen Figuren der Maria und Martha, Martin Luther King, mittelalterlicher Beginen und vieler anderer in diesem Buch lagen fast vierzig Jahre. Viel liegt dazwischen, so scheint es für einen Beobachter. Aber für Dorothee Sölle selbst war alles eine Bewegung, die Bewegung ihres Lebens.

Mystik und Widerstand will ein gelehrtes Buch sein. Wer es liest, merkt, dass Sölle hier viele Lehrveranstaltungen aus den 1970er und 1980er Jahren verarbeitet hat. Irgendwie aber kreist es immer um das Thema Mystik und wirkt dabei teilweise wie akademische Einführungsliteratur, aber keine gute. Es werden viele unterschiedliche Stufen ihres Mystikverständnisses aufgezählt, wobei Sölle zwar bemüht ist, historisch zu arbeiten, aber es sich doch deutlich zeigt, dass sie die Geschichte als wissenschaftliche Disziplin eigentlich nicht interessiert. Die *Geschichte* ist gut ausgewählt und dient ihr als *Futter* für ihre These. Trotzdem schreibt sie so, als wolle sie Wissen vermitteln. Es ist schwer, einen sich entwickelnden inhaltlichen Faden im Buch zu finden. Das Buch ist eher wie ein Netz, das zusammengehalten wird durch persönliche Berichte aus ihrem Leben und viele kleine Berichte über die Leben ihrer Gewährsfrauen und Gewährsmänner und durch das, was hier Sölles Lebenserzählung heißen soll: die eigene Suche nach einem gangbaren Weg zwischen dem Anerkennen, dass die Welt unausweichlich ungerecht ist, und dem eigenen Empfinden, dass der einzige Weg, damit umzugehen der Kampf gegen Windmühlen ist – und genau in diesem aussichtslosen Kampf das Göttliche zu finden ist. Und wie Don Quichote im Kampf gegen die Windmühlen davon überzeugt ist, das Richtige zu tun, war es auch Sölle, wenn sie gegen ihre vielen Gegner und deren Überzeugungen ankämpfte. Anfänglich waren diese Gegner Christen, die im Christentum eine Chance sahen, mit sich selbst ins Reine zu kommen und die deutsche Gesellschaft nach 1945 wieder auf einen „richtigen" Weg zu führen. Später, ab den 1970er Jahren, waren es alle, die in ihren Augen als kapitalistisch – also US-amerikanisch –, wirtschaftsgetrieben und fortschrittsbeseelt galten. Woher nahm Don Quichote die Kraft für seine aussichtslosen Kämpfe? Sölle zog ihre Kraft aus ihrem Glauben, der in ihrer Selbstbeschreibung im Kern eben eine mystische Erfahrung ist. Mystisch meint hier zunächst nicht viel mehr, als dass es eine innere, für andere nicht ohne Weiteres nachvollziehbare Erfahrung ist. Es meint aber auch eine Erfahrung, die, einmal gemacht, durch bestimmte Techniken wiederholt und intensiviert werden kann. Diese Techniken bringt sie in ihrem Mystikbuch auf die drei Begriffe „Staunen – Loslassen – Widerstehen" und reiht sich damit in eine Tradition ein. Jenseits solcher abstrakten Begriffe lässt sich aber auch sagen, dass die Technik in einer inneren Immunisierung gegen Widerspruch bestand. Ist die „eigene Wahrheit" einmal gefunden und dieses Wahrheitsempfinden als Kraftquelle erkannt, werden innere und äußere Orte aufgesucht, die diese „Wahrheit" bestärken. Sölle reiste nach Vietnam und immer wieder nach Lateinamerika. Sie fand dort bestätigt, was sie vorher erwartet hatte. Sie war hier nicht eine Reporterin, die möglichst unvoreingenommen berichten wollte, sondern eine Art *embedded theologian* – ausgewählt, um die Sicht der Seite zu bestätigen, die ihre eigene war. Dass sie erkannte, dass dieser Weg nicht unproblematisch war, davon kann man zumindest ausgehen, denn sie war reflektiert, belesen und nicht zuletzt auch immer mindestens von einem kritischen Beobachter, Fulbert Steffensky, eng umgeben. Doch war ihre Reaktion nicht Selbstkritik und Hinterfragen des eigenen Standpunkts, sondern Verharren bei und Vertiefen der eigenen „Wahrheit". So lese ich das Buch *Mystik und Widerstand* als groß angelegten Versuch, den eigenen *wahnhaften Kampf gegen die Windmühlen*, den eigenen gottbeseelten, aber aussichtslosen Kampf gegen die „todbringende Maschine" – wie sie die kapitalistische Welt hier immer wieder nennt – in eine Tradition einzuordnen und damit zu rechtfertigen: vor sich selbst und ihrem Publikum. Um nicht falsch verstanden zu werden: Don Quichote mag ein tragischer Held sein,

ein unsympathischer oder gar abzulehnender Held ist er keineswegs, er war allerdings auch kein Ideologe.

Sölle beginnt das Buch ganz allgemein beim Religionsbegriff. Doch ist es eher eine Abgrenzungsbewegung von Kirche und Theologie – beides als Orte des Religionsbegriffs verstanden, die sie hier vollzieht. Sie schreibt: „Mich persönlich hat weder die Kirche, die ich eher als Stiefmutter erlebte, noch das geistige Abenteuer einer nachaufklärerischen Theologie zu dem lebenslangen Versuch, Gott zu denken, verlockt." Was sie schon immer angezogen habe, sei vielmehr „das mystische Element gewesen." Sie benennt hier, was wir in früheren Kapiteln schon gesehen haben: Wissenschaftliche Theologie interessiert sie nicht, es geht ihr um das, was sie selbst erlebte und versuchte. „Es ist, um es vorläufig und einfach zu sagen, die Gottesliebe, die ich leben, verstehen und verbreiten will." Diese Liebe müsse dabei als gegenseitige Liebe verstanden werden. Nicht nur Gott liebt dich, sondern auch du sollst Gott lieben. Hingezogen zur Mystik habe sie den Traum, eine andere Spiritualität zu finden. Sie habe Sehnsucht nach Gott gehabt, und zwar nicht in einem naiven, theistischen Sinne, sondern, in meinen Worten, als Lebensgefühl zu verstehen.

Wenn wir zurückdenken an die junge Dorothee Sölle, die keine zehn Jahre nach dem Ende des Zweiten Weltkriegs und nach dem Holocaust in Freiburg studierte und die sich danach sehnte, einen Umgang zu finden mit dieser Welt und ihren Verbrechen, dann passen diese Gedanken hier gut. Es war ja damals eine Welt, die immer noch voller Kriegsverbrecher war und in der sie sich, alleine durch ihr Dabei-sein, gefühlt mitschuldig gemacht hatte am größten Menschheitsverbrechen, das sie damals noch nicht relativierte und mit anderen Verbrechen gleichsetzte. Es war ein zutiefst existentielles Bedürfnis, einen Weg zu finden, den sie gehen konnte und auch wollte. Der Glaube wurde dann bald für sie dieser Weg. Sie hatte „Sehnsucht nach Gott", können wir nun mit den Worten ihres letzten großen Werkes sagen. Wenn sich diese Sehnsucht damals auch noch anders artikulierte. Dass es ihr anfänglich zuallererst um sich selbst ging, kann ihr niemand vorwerfen. Sie war jung und brauchte einen Weg, der tragfähig war. Diese Art der Gottessehnsucht, die hauptsächlich eine innere Beschäftigung ist, will Sölle hier, 1997, nun aber nicht mehr als Mystik durchgehen lassen. Für sie ist das „eine Verkürzung, um das mindeste zu sagen".

Sie will anders auf die Mystik schauen. Denn nun interessiert sie,

> „wie sich Mystiker verschiedener Zeiten zu und in ihrer Gesellschaft verhalten haben. Waren Weltflucht, Abgeschiedenheit, Einsamkeit wirklich das mystikadäquate Verhalten? Hat es nicht auch andere Ausdrucksformen des mystischen Bewusstseins gegeben, im Leben von Gemeinschaften und auch im Leben von Einzelnen?"

Es ist wieder ihre uns nun schon bekannte These, dass Wahrheit eben konkret werden müsse. Wenn ein Mystiker ein echter Mystiker ist, wenn er oder sie also eine echte Sehnsucht nach Gott habe, Gott liebt und die Liebe Gottes erfährt, dann wird sich das auch in seinem Verhalten niederschlagen. Es ist wie die alte Lutherthese, dass aus dem Glauben eben die Früchte des Glaubens wachsen werden, sonst ist es wohl kein Glauben gewesen. Für diese Bewegung des Konkretwerdens der eigenen Gotteserfahrung setzt sie hier den Begriff des „Widerstands" ein. Warum aber Widerstand?

Zum einen schreibt sie sich damit ein in eine Tradition, zu der sie gerne gehören möchte. Der Begriff des Widerstands „enthält die Erinnerung an die Toten, die in diesem Aufbegehren und Kämpfen ihr Leben gegeben haben, z. B. Sophie Scholl und Dietrich Bonhoeffer". Sie hat noch nie klein gedacht und so wählt sie auch die, die sie als ihre Vorgänger einführen will, nicht irgendwo im unbekannten Terrain, sondern ganz oben im Olymp der Gerechten. Ob sie selbst dazugehört? Zumindest ihre Ausführungen zu Deutschland aus den 1980er Jahren lassen diese Selbststilisierung doch fraglich werden. Sich selbst mit den mutigen Menschen im Widerstand gegen die Nationalsozialisten zu vergleichen und gleichzeitig am Mythos Deutschlands, das nach 1945 von den USA davon abgehalten wurde, den eigenen friedlichen Weg zu gehen, festzuhalten, ist wiederum *mutig*. Sie will die großen Namen, die sie im Laufe ihres Buches aufführt, aber keineswegs nur als heldenhafte Gestalten der Verehrung verstanden wissen. Vielmehr sagt sie: „Die mystischen Texte zu lesen, bedeutet sich selbst wiederzuerkennen." Es ist diese, in meinen Worten, Erkennungsbewegung, in der sie sich befindet, die sie hier beschreiben will. Sie sagt: „Ich suche bei den Mystikern etwas, das ich als Gefangene der großen Maschine nicht bekomme." Die „große Maschine" meint die Welt, die nichts als den Tod wolle. Hier ist sie wieder – die dunkle Welt, die sie Fulbert Steffensky zufolge brauchte für ihre Argumentation. Aber ihren Tod hat die „große Maschine" trotz noch so kapitalismuskritischer Auslegung nicht gewollt. Sie hat sie stattdessen, wie wir sahen, in ein stattliches Haus in einem der reichen Teile des reichsten Hamburgs gebracht.

Sölle schreibt weiter: „Mein Interesse ist nicht, die Mystiker zu bewundern, sondern mich von ihnen er-innern zu lassen und das Innere Licht täglich so deutlich wie nur möglich zu sehen: Es ist auch in mir versteckt." Es geht ihr bei der Beschäftigung mit der Mystik um die eigene Mystik, die eigene „Sehnsucht Gottes". „Wenn ich aber beides brauche, das Innere Licht des Einsseins mit allem, was lebt, und den Widerstand gegen die Todesmaschine – wie bekomme ich beide zusammen?" Dass sie sich bei dieser Suche nach dem Zusammenbringen von innerem Licht und Widerstand gegen die Todesmaschine auf der richtigen Seite wähnte, zeigt sie, indem sie sich nicht nur in der Reihe der großen Widerstandskämpfer sieht, sondern auch schreibt: „Ich kann die Liebe Gottes nur sehen, wenn ich ein Teil von ihr werde." Allerdings gibt sie im nächsten Satz „persönliche Schwächen der Schreiberin" zu.

Sölle knüpft nach dieser Einleitung das Netz ihres Mystikbuches zwischen den Ecken, die die drei Hauptteile des Buches ausmachen. Im ersten fragt sie „Was ist Mystik?", im zweiten sucht sie „Orte mystischer Erfahrung" auf und im dritten konzentriert sie sich auf ihre Hauptthese „Mystik ist Widerstand". Es sind eher nebeneinanderstehende Teile, die in sich wieder durch nebeneinanderstehende Unterteile vernetzt werden. Viele ihrer Ausführungen sind lehrreich und es ist, bei aller anti-akademischen Haltung der Autorin, eben doch immer wieder durchscheinend, dass es sich hier um alten Vorlesungs- und Seminarstoff handelt.

Ihr Mystikbegriff läuft auf den schon erwähnten Dreischritt aus „Staunen – Loslassen – Widerstehen" zu. Sehnsucht nach Gott haben, bedeutet für Sölle, sowohl im Kleinen wie im Großen Gott sehen zu können. Sie beschreibt das Staunen anhand des Erlebnisses ihres Sohnes, der die Zahl 537 wundervoll fand und glücklich darüber war, aber auch anhand eines Entsetzens über diese Welt. „Staunen oder Verwunderung ist eine Art, Gott zu loben, auch wenn sein Name nicht genannt wird." Staunen sei aber auch schon der erste Schritt zum Loslassen, denn im Staunen nehme man sich selbst zurück und entbinde sich nach und nach von allen äußerlichen Einflüssen. Sie schreibt: „Je mehr wir uns auf das Loslassen der falschen Wünsche und Bedürfnisse einlassen, je mehr wir dem Staunen in unserem Alltag Raum geben, desto mehr nähern wir uns dem an, was die alte Mystik ‚Abgeschiedenheit' nannte: ein gelebtes Abschiednehmen von Gewohnheiten und Selbstverständlichkeiten unserer Kultur." Im dritten Schritt erfahre der Mystiker nun das Heilwerden, das immer auch ein Heilenkönnen sei. „Das Einssein ist nicht individuelle Verwirklichung, sondern geht über in die Veränderung der todorientierten Realität." Dieses Einswerden werde Widerstand.

Die Orte der Mystik, die Sölle in ihrem zweiten Teil aufsucht, sind „Natur", „Erotik", „Leiden", „Gemeinschaft" und „Freude". Der Grundgedanke hinter dieser Aufzählung ist ganz einfach: An all diesen „Orten" wurden mystische Erfahrungen gemacht und werden darum auch wieder gemacht werden können. Es finden sich hier viele einzelne interessante Gedanken, die uns für unser Interesse am Buch jedoch nicht weiterbringen. Die Behandlung der Orte erfolgt so, dass Sölle anhand von historischen Beispielen (für Natur ist es Harriet Beecher Stowe, für Erotik Marguerite Porète und andere, für Leiden Johannes vom Kreuz, für Gemeinschaft Martin Buber, für Freude der buddhistische Mönch Thich Nhat

Hanh) beschreibt, wie an einem solchen „Ort" Gott erfahren wurde und dass diese Gotteserfahrung nicht in absoluter Weltabgewandtheit gemündet habe, sondern im „Widerstand". Das führt dann zum letzten Teil des Buches.

Sölle wusste sehr wohl, dass ihre These des zwingenden Zusammenhangs von Mystik und Widerstand bei vielen Menschen auf Kopfschütteln stoßen würde. Das galt für beide Seiten: für die Befürworter ihrer politischen Position, die aber nichts mit ihrer Religiosität anfangen konnten, und für die Befürworter der Religion, die aber nichts mit ihrer politischen Position anfangen konnten. Beide Gruppen hat Sölle im Buch noch einmal (weil sie es in ihrem Leben schon oft in beide Richtungen versucht hatte) vor Augen. In Richtung der ersten Gruppe argumentiert sie so, dass Mystik nicht zwingend, aber bereichernd sei. „Was Mystik heute in die Substanz der Widerstandsbewegung einbringen kann, ist diese Beziehung auf den Ursprung des Lebens, die sich oft in einfachen Redewendungen ausdrückt: ‚Das kann doch nicht alles gewesen sein, so war es doch nicht gemeint.' Wer das Novum will, braucht die Erinnerung und das Fest, in dem die Renovation schon jetzt gefeiert wird." Widerstand ohne Mystik geht, ist aber in gewissem Sinne verkümmert – so ihre Denkbewegung. Wer glaube, dass eine rein rationale Motivation zum Widerstand reiche, mache die Vernunft zur Göttin und sei naiv. In Richtung der zweiten Gruppe argumentiert sie in doppelter Weise. Einerseits gibt es die religiösen Menschen, die sich vielleicht sogar selbst als Mystiker ansehen, die aber die widerständige Kraft der Mystik nicht erkennen. Diesen sagt sie, dass eine innere Gotteserfahrung eben zu dem Gefühl führen muss, dass die

Welt, so wie sie ist, nicht richtig ist. Insofern stecke in jeder mystischen Erfahrung das Potential zum Widerstand. Es gebe eine „Nicht-Übereinstimmung" mit und ein „Nicht-zuhausesein" in der Welt der Geschäfte und der Gewalt. Und das sei schon die Wurzel für einfache „Formen des nicht-konformen Verhaltens".

Sölles letztes großes Buch zeigt sie noch einmal als eine lebenslang Suchende. Sie hat für sich die Kombination aus Mystik und Widerstand als Lebensweise gefunden. Dass diese Lebensweise zunächst einmal ihre eigene ist, weiß sie schon. Aber sie will dabei nicht stehen bleiben, sie will noch einmal versuchen, ihre Leserinnen und Leser davon zu überzeugen, dass es eine allgemeine Notwendigkeit und nicht nur die Söllesche Notwendigkeit gibt, vom Leben auf der ungerechten Welt zum Gottesglauben und vom Gottesglauben zur mystischen Gotteserfahrung und von dieser Erfahrung zur Haltung des Widerstands gegen die ungerechte Welt zu kommen. Würde sie bei diesem persönlichen Überzeugungsversuch stehen bleiben, ließe sich das Buch als guter Versuch verstehen, religiös-politisch zu überzeugen. Leider aber tritt sie auch hier wieder im Bewusstsein auf, eine absolute Wahrheit zu besitzen. Sie scheint zwar an manchen Stellen ambivalenzsensibler zu sein als etwa in ihrem Aufsatz zur Kritik des Postmodernismus, den wir zuletzt besprochen haben. Aber an vielen Stellen blendet sie die Ambivalenz eben doch wieder aus. Fidel Castro, der Marxismus und Sozialismus bleiben bei ihr Beispiele des Guten, an ihnen äußert sie keine Kritik. Die sogenannte erste Welt aber ist für sie der Feind der Erde. Die Ausweglosigkeit aus der Feindschaft gegenüber der Welt, die ewige Verwicklung des Menschen in Zerstörung und Tod, blendet sie aus. Das könnte man noch als Versuch verstehen, einer Relativierung zu entgehen. Aber sie blendet auch aus, dass der Status, den sie sich als Freundschaft vorstellt (religiöser Sozialismus oder gar Kommunismus) genauso zu neuer, anderer Feindschaft gegenüber der Welt geführt hat und weiterhin führt. Das muss als Perspektivverengung bezeichnet werden. Genauso wie die Ignoranz gegenüber allen Errungenschaften des kapitalistischen Weltsystems. Dass dabei vieles kritisiert werden muss, ist keine Frage. Aber dass der demokratische Kapitalismus in vielen Bereichen zu immensen Erfolgen geführt hat (besonders bei der Armutsbekämpfung), will sie nicht sehen. All das deute ich als Teil ihrer Selbstimmunisierungsstrategie. Sie spürt ihre Unfähigkeit, das Leid der Welt zu beseitigen, und leitet die daraus resultierende Wut auf die unwillige Menschheit um. Menschenfresser sind amerikanische Präsidenten, aber nicht Marxisten und Kommunisten wie Fidel Castro.

XX.

Zu Beginn dieses Textes hatte ich an Sartre und dessen Idee vom Tod als dem absoluten Ende der Autonomie erinnert. Er meint es nicht im offensichtlichen Sinne. Nicht so, dass der Tod die Handlungsfähigkeit beendet. Das stimmt auch, aber seine Pointe war, dass der Tod das eigene Leben in die Hände der Nachwelt übergibt. Die Überlebenden *können damit machen, was sie wollen, Verstorbene können* sich nicht mehr wehren. Für mich ist dieser Gedanke eine Erinnerung daran, welche Verantwortung einem Interpreten eines anderen Lebens zukommt. Nun habe ich an vielen Stellen auf Kritikwürdiges verwiesen, aber hoffentlich auch gezeigt, dass Punkte, die ich als Schwächen verstehe, mich nicht zur Abwendung von Dorothee Sölle führen. Sie war eine faszinierende Denkerin, die mit ihrem Werk gezeigt hat, wie sehr der christliche Glaube lebensverändernd wirken kann – im Guten wie im Schlechten. Diese Eigenschaft des Glaubens verlieren wir hier in Deutschland oftmals aus den Augen.

Als ich die wenigen Meter vom Nienstedter Friedhof zum Elbufer herunterging, war ich noch ganz eingenommen von der Schönheit und dem Frieden der letzten Ruhestätte von Dorothee Sölle. Nachdem ich die Stufen am Hotel Louis C. Jakob heruntergestiegen war, ging ich vor ans Wasser. Ein wenig flussabwärts, keine 30 Meter entfernt, liegt eine Kneipe. Die Menschen saßen auf Liegestühlen und tranken Cappuccino und Aperol-Spritz. Kurz überlegte ich, mich dazuzusetzen und ein Astra zu bestellen. Aber es war zu früh, um schon wieder unter die Menschen zu gehen. In Unbefangenheit einfach dazusitzen und das Leben zu genießen, schien mir unpassend. Nicht, weil ich es den anderen Menschen nicht gönnte. Nicht, weil ich nicht Lust verspürte, es ihnen nachzutun. Es zog mich stattdessen nach ganz vorn ans Wasser. Es fuhr gerade ein Frachter in Richtung Nordsee. Es war ein altes Schiff, nicht schön anzusehen. Das fiel mir besonders auf, weil alles andere so schön war. Das Wasser, das grün bewachsene Ufer, die Menschen mit den Getränken in der Hand, das Hotel, das hinter mir hoch über dem Ufer lag. Ich schaute dem Schiff lange nach. Damals fiel es mir nicht auf, aber jetzt, wo ich daran zurückdenke, schiebt sich eine bestimmte Sinnfolie über das Bild. Ich sollte mich noch nicht setzen, ich sollte noch nicht zurück zu den Lebenden, ich sollte noch eine Weile gedanklich bei der Toten verharren. Das Schiff, das ich sah, wurde umso weniger hässlich, umso weiter es sich entfernte. Schließlich, als es schon weiter weg war, fast nicht mehr zu sehen, war es ein schöner Anblick: ein Schiff, das sich auf die lange Reise über die unendlichen Wassermassen der Meere machte.

Im Moment, in dem ich diesen Text zu Ende schreibe, ist Sölles Todestag nicht mehr weit. In vielen einschlägigen Zeitschriften sind Erinnerungstexte und Würdigungen erschienen. Über viele der Texte habe ich mich geärgert. Sie geben nur einen kleinen, ausschließlich positiven Ausschnitt von Sölles Werk wieder. Sicher, auch hier kommt nicht alles vor und ich entgehe keineswegs der Falle des hermeneutischen Zirkels – das habe ich vorhin deutlich zugegeben. Aber es ist doch ein Unterschied, ob man den Versuch unternimmt, sich von Sölle infrage stellen zu lassen, oder ob man bei ihr nur das sucht, was man vorher schon wusste.

Das Schiff, das sich am Tag meines Friedhofsbesuchs in Hamburg immer weiter entfernte, war irgendwann schön geworden. Die Entfernung lässt Details verschwimmen. War es ein Öltanker oder transportierte es Teile zum Erzeugen von Solarstrom? Es war ein Schiff, das am Horizont verschwimmt, wie es genau aussah, kann ich nur noch aus meinen Gedanken heraus konstruieren. Oder ich reise ihm nach. Lasse es nicht ganz verschwinden. Sölles Denkwelt liegt vor uns, ausgebreitet in ihren Schriften. Ich freue mich über jeden, der ihr nachreist und mein Bild korrigiert.

Anzeige

Entdecken Sie mehr zu Dorothee Sölle
und sie selbst auf der Internetseite

www.dorothee-soelle.de

Hier finden Sie:

- Historische Film- und Tonaufnahmen mit Dorothee Sölle

- Artikel und Texte von ihr, aber auch über sie

- Zum Anhören fast alle Texte der Werkausgabe

- Ton- und Filmdokumente über sie

- Informationen zum Forschungsnetzwerk Dorothee Sölle

- und vieles mehr...

Chaim Noll
»Höre auf ihre Stimme«
Die Bibel als Buch der Frauen

336 Seiten | Klappenbroschur
12 x 19 cm
ISBN 978-3-374-07310-8
EUR 22,00 [D]

eISBN (PDF) 978-3-374-07311-5

Der bekannte deutschsprachige Schriftsteller Chaim Noll lebt als religiöser Jude in Israel. Er versteht die Bibel als eine Textsammlung, in der sich das Bemühen um Achtung der Frau, teils sogar um Gleichstellung mit dem Mann als Leitmotiv gegen frauenfeindliche Tendenzen, die es auch gibt, behauptet. Und er kritisiert antike männliche Haltungen, die das »schwache Geschlecht« als minderwertig darzustellen versuchten, um Frauen unterdrücken und ausbeuten zu können. Am Ende jedoch wird deutlich, dass gerade die Bibel zur Befreiung der Frau aufruft. Nolls feinsinnige und lebenskluge Interpretationen biblischer Erzählungen fesseln und beeindrucken.

EVANGELISCHE VERLAGSANSTALT
Leipzig   www.eva-leipzig.de

Tel +49 (0) 341/ 7 11 41 -44   shop@eva-leipzig.de

Ulrich H. J. Körtner
Wahres Leben
Christsein auf evangelisch

144 Seiten | Klappenbroschur
12 x 19 cm
ISBN 978-3-374-06912-5
EUR 12,00 [D]

eISBN (PDF) 978-3-374-06913-2

Kann es wahres Leben geben? Ein Leben, das sich nicht nur gut und richtig anfühlt, sondern gut und richtig ist? Ein sinnerfülltes Leben mit Tiefgang statt bloßer Oberflächlichkeit? Ob Leben wahr oder unwahr, richtig oder falsch ist, hängt davon ab, was oder an wen man glaubt, was oder wen man liebt, was oder worauf man hofft. Das führt zu den weiteren Fragen dieses Buches: Woran genau glauben Christen? Worauf vertrauen sie in Leben und Sterben? Und: Was bedeutet es heute, im evangelischen Sinne Christ zu sein?

Der Wiener Theologe Ulrich Körtner ist weithin bekannt für seine Gabe, das Wesentliche klar auf den Punkt zu bringen. Er bezieht sich dabei vor allem auf das Apostolische Glaubensbekenntnis, das Doppelgebot der Liebe, die Zehn Gebote, das Hohelied der Liebe, das Vaterunser, Psalm 23 und Psalm 51,12–14 sowie die Seligpreisungen.

EVANGELISCHE VERLAGSANSTALT
Leipzig www.eva-leipzig.de

Tel +49 (0) 341/ 7 11 41 -44   shop@eva-leipzig.de

Wilfried Härle
Vertrauenssache
Vom Sinn des Glaubens an Gott

352 Seiten | Paperback
12 x 19 cm
ISBN 978-3-374-07157-9
EUR 20,00 [D]

eISBN (PDF) 978-3-374-07158-6

»Glaube« bedeutet sowohl festes Vertrauen als auch eine nicht beweisbare Vermutung. Vom Beginn unseres Lebens an sind wir darauf angewiesen, auf Menschen und Botschaften zu vertrauen, für deren Glaubwürdigkeit wir keine Beweise haben. Auch die Wissenschaft basiert letztlich auf Glaubensüberzeugungen. Beim Glauben an Gott aber geht es darum, das ganze Leben einer unsichtbaren Macht anzuvertrauen.
Wilfried Härle ist in ganz Deutschland bekannt für seine dem Menschen nahe und darum verständliche Theologie. Erneut legt er ein packendes Werk vor, das Zerreißproben zwischen Glaube und Zweifel nicht auslässt.

EVANGELISCHE VERLAGSANSTALT
Leipzig www.eva-leipzig.de

Tel +49 (0) 341/ 7 11 41 -44   shop@eva-leipzig.de